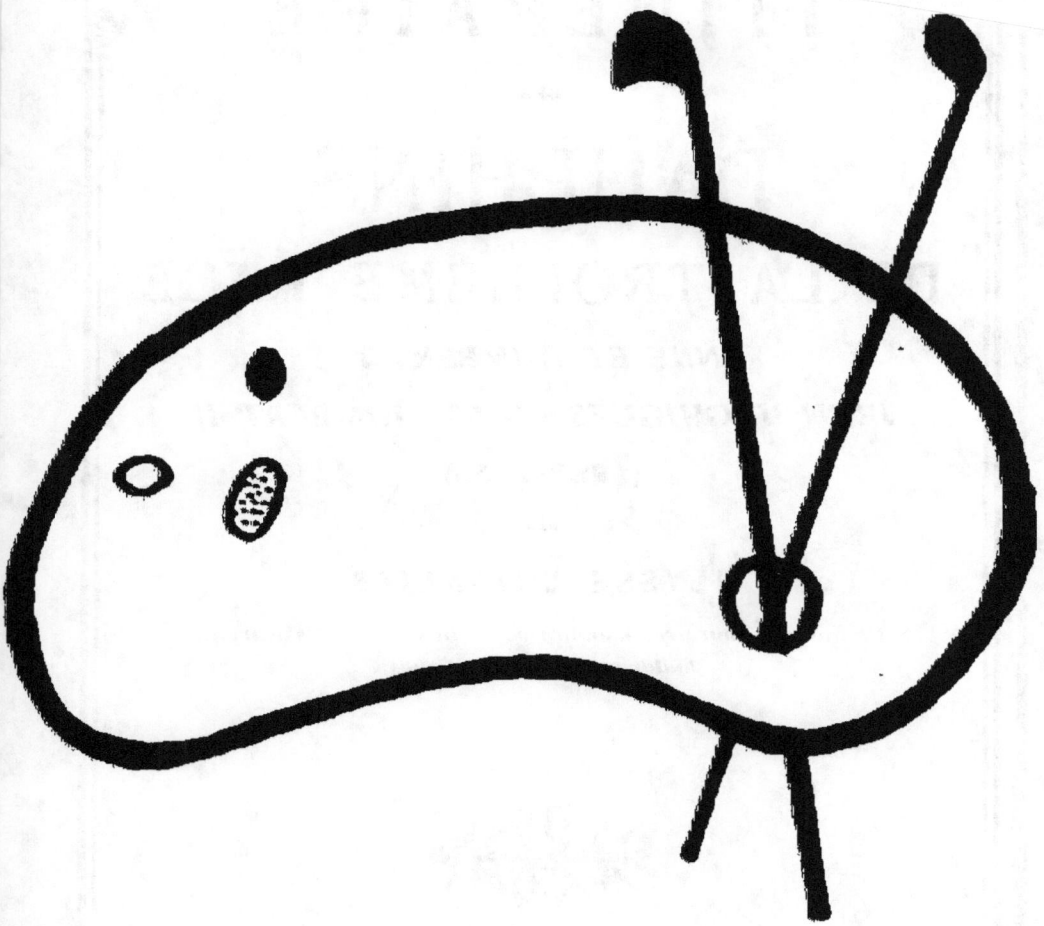

DÉBUT D'UNE SÉRIE DE DOCUMENTS
EN COULEUR

ITINÉRAIRE

DES

DAUPHINS

DE LA TROISIÈME RACE

ANNE ET HUMBERT Iᵉʳ

JEAN II, GUIGUES VII ET HUMBERT II

(1282-1355)

PAR

ULYSSE CHEVALIER

Chanoine honoraire, membre n. r. du Comité des travaux historiques et scientifiques

VALENCE

IMPRIMERIE ET LITHOGRAPHIE JULES CÉAS ET FILS

Mars 1887

BULLETIN

d'Histoire Ecclésiastique et d'Archéologie Religieuse
des diocèses de Valence, Gap, Grenoble et Viviers

44ᵐᵉ LIVRAISON

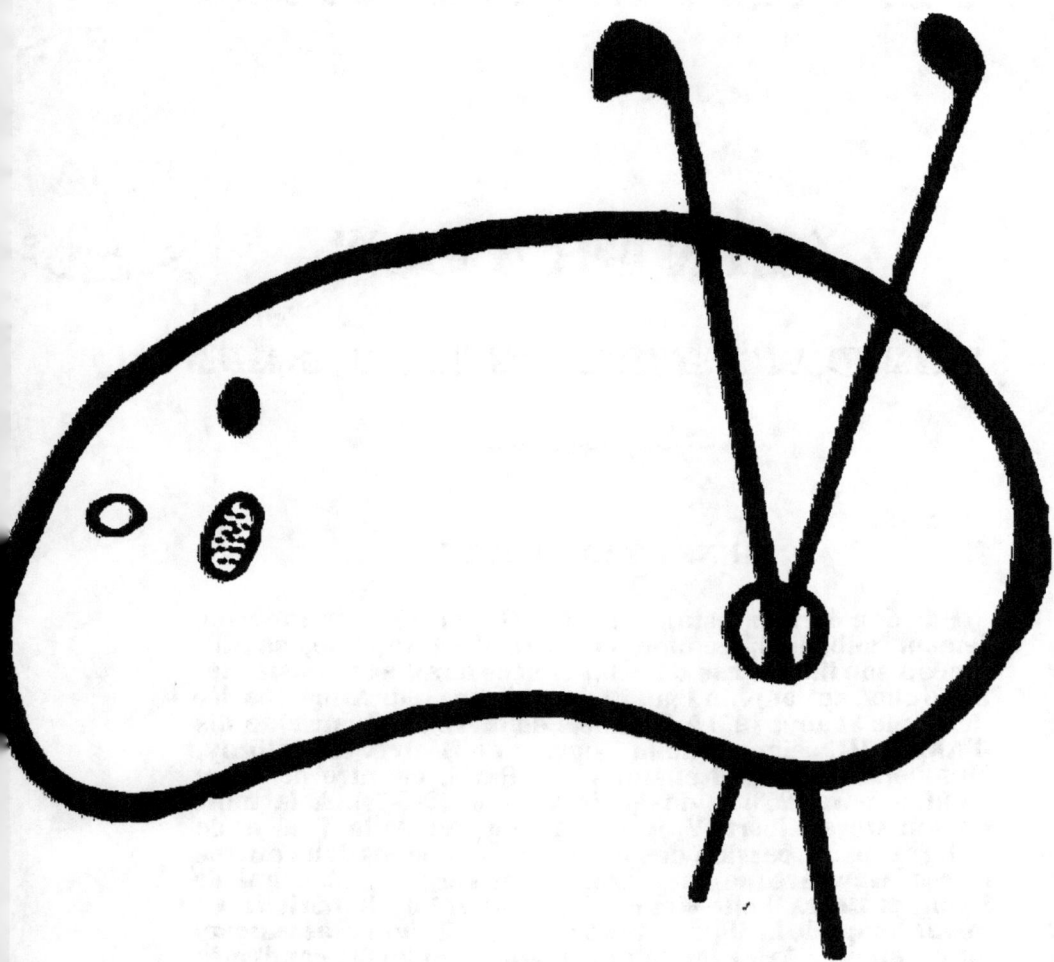

FIN D'UNE SERIE DE DOCUMENTS
EN COULEUR

ITINÉRAIRE

DES DAUPHINS DE LA 3ᵉ RACE

ANNE ET HUMBERT Iᵉʳ.

Par son dernier testament (1267) Guigues VI avait formellement substitué, comme héritière du Dauphiné, sa fille aînée à son fils, au cas où celui-ci décéderait sans postérité : de ce chef, au dauphin Jean Iᵉʳ succéda sa sœur Anne, mariée depuis le 31 août 1273 à Humbert de la Tour. Quatrième fils d'Albert III, seigneur de la Tour, et de Béatrix de Coligny, Humbert fut d'abord chanoine de Paris, chantre de Lyon (conf. 5 mars 1253) et doyen de Vienne (1268-70). A la mort de son frère Albert IV, il devint seigneur de la Tour et de Coligny, par la cession des droits partiels de ses deux autres frères, Guy, évêque de Clermont, et Hugues, sénéchal de Lyon, et de sa belle-sœur Alix (mai 1273); il héritait en même temps de la dignité de sénéchal *(officium senescalciæ)* du royaume d'Arles (et de Bourgogne), qui lui fut confirmée par les rois des Romains Rodolphe (4 juin 1278, 4 mai 1291) et Albert (29 mai 1305).

Son premier acte en Dauphiné fut de jurer, *nomine Annæ, comitissæ comitatuum Viennæ et Albonis, et dominæ de Turre et de Cologniaco*, le maintien des libertés de la ville de Grenoble (3 oct. 1282). Tous les soins du prince *consort* tendirent à conserver intacts les droits de la dauphine et à agrandir ses possessions. Dès le 4 févr. 1284, le duc de Bourgogne, Robert II, avait obtenu du roi Rodolphe Iᵉʳ l'inféodation de tout ce qui pouvait leur revenir sur le Dauphiné par suite de la mort du dauphin Jean, sauf les droits de Béatrix de Savoie; Humbert sollicita immédiatement et obtint (17 mars) un sauf-conduit pour se rendre auprès du roi des Romains, alors à Baden. Les deux contendants s'en remirent ensuite à l'arbitrage du roi de France, qui enjoignit au dauphin de payer au duc 20.000 liv. tourn. à Lyon

(15 sept. 1285); l'accord ne fut définitif qu'à la suite d'une nouvelle convention entre les parties et d'une sentence de Philippe le Bel, qui venait de succéder à son père (25 janv. 1286).

Poussée sans doute par son nouveau mari, Gaston de Béarn, la mère d'Anne, Béatrix, fit de son côté valoir sur les comtés de Vienne et d'Albon des prétentions qui furent réglées par une transaction solennelle du 15 déc. 1284, suivie d'un échange de châteaux (30 juil. 1286); elle donna ensuite à Humbert son fief de Gex et lui fit remise de sa dot (10 nov. 1287). Après la mort de Gaston, pour dégager son gendre de l'hommage que réclamait de lui le comte de Savoie à raison des baronnies de la Tour-du-Pin et de Coligny, elle consentit à tenir en fief d'Amédée V le Faucigny (27 mai 1293); cédant plus tard à une invitation *affectueuse* du roi de France, elle donna en propriété cette même baronnie au dauphin pour un de ses enfants (15 sept. 1295). Elle finit même par lui faire une donation générale de tous ses biens paternels et maternels (14 août 1303).

Comme compensation aux terres cédées au duc de Bourgogne et aux frais de guerre subis par Humbert, Anne lui assigna un revenu de 5.000 liv. et les meilleurs domaines de ses états; en cas de survie elle devait rentrer en possession de son héritage, auquel son mari ajoutait la baronnie de la Tour (8 déc. 1285 et 13 janv. 1287). Ils assurèrent de bonne heure à leur fils aîné leur succession, par une série d'actes qui seront indiqués dans la notice de Jean II.

En récompense de sa fidélité à l'Empire, Humbert reçut en fief *(feodum)* du roi Rodolphe Ier le château de Montélimar (12 mai 1289); celui d'Orange *(Aurayca)* lui fut pareillement concédé par Albert Ier, mais avec cette clause : *si ab eo qui ipsum nunc possidet bono et justo modo conquærere poteris* (29 mai 1305). Dans l'intervalle le dauphin acquit successivement : l'hommage d'Aimon de Boczosel (19 fév. 1291); celui de Raymond de Mévouillon pour sa baronnie (10 juil. 1293), qu'il dut néanmoins reconnaître en fief de l'évêque de Valence et Die (9 août 1295); et celui d'Hugues Adhémar pour la baronnie de Montauban (2 mars 1295), dont il acheta plus tard la propriété (31 août 1302), sans en avoir encore pu obtenir délivrance le 8 nov. 1304; le château de Valréas, que lui vendit Roncelin de Montauban (15 juil. 1291); la terre de Visan, que lui donna Béatrix de Mévouillon (7 août 1291) et pour laquelle Humbert paya 4.000 liv. (28 suiv.) et donna le château de Pisançon et le péage de Saint-Paul pour 4.000 autres (29 juin 1296) à Raymond de Mévouillon; et le château de Cornillon (en vallée d'Oulle), que lui vendit ce dernier le 30 nov. 1302. Dès le comt de février 1295 le dauphin négociait l'achat de Mirabel, Nyons et Vinsobres; le 17 fév. 1303, il donna en fief Vinsobres à Guillaume de Plaisians et, le 30 sept. 1304, il en appela à l'empereur ou au pape de l'injonction que lui faisait l'archevêque d'Arles de remettre ces châteaux à l'abbesse de Saint-Césaire.

Dans un voyage à Paris, à la fin de 1294, Humbert fit avec Philippe le Bel un traité d'alliance contre le roi d'Angleterre et le comte de Savoie (4 oct.); peu après, lui et son fils aîné rendirent hommage lige au roi de France, qui leur donna 10.000 liv. de gratification et 500 de rente annuelle (déc.)

Incapable de prendre personnellement part aux guerres de Flandre de 1302 et 1304, pour lesquelles il fut mandé, il se fit représenter par ses fils Jean et Guy.

L'accroissement du domaine delphinal ne s'était pas produit sans malversations et méfaits. Sans parler de son état fréquent d'hostilité avec la maison de Savoie, Humbert fut excommunié par le pape pour avoir pressuré ses sujets en établissant de nouveaux péages et la gabelle (8 mai 1289); il le fut ensuite par l'évêque de Genève, comme coupable d'avoir attaqué sa ville épiscopale, incendié ses faubourgs et pris le château de Thiez (26 sept. et 21 oct. 1291); peut-être encore par l'archevêque d'Arles (30 nov. 1300).

D'après l'opinion la plus modérée (VALB., t. I, p. 262), le dauphin s'était retiré à la chartreuse du Val-Sainte-Marie dès la fin de 1306 : l'itinéraire qui suit fera justice de cette légende; car, en admettant avec le même auteur qu'il y est mort vers le 12 avril 1307, il n'y aurait résidé que deux jours depuis son codicille (inédit) du 10. Le Nécrologe de Saint-Robert mentionne son obit au 18 de ce mois (*XIIII kal. maii, Humbertus dalphinus, qui obiit aº Dº Mº CCCº VIIº*); ce doit être la date de son enterrement, d'après les actes d'hommage rendus ce même jour à son successeur, *illustri viro d. Humberto.... inclitæ recordationis viam universæ carnis ingresso et ejus corpore tradito ecclesiasticæ sepulturæ*. En tout cas, la date de l'inscription de Salettes (*XIII kl. maii* = 19 avril) est certainement inexacte.

De son épouse Anne, dont on ignore la mort (le dernier acte où elle figure est du 1er août 1300), le dauphin eut quatre fils et cinq filles : JEAN, qui lui succéda; HUGUES, fiancé à Agnès de Savoie (1er janv. 1296), émancipé par son père et avantagé du château de Montbonnot et de la maison-forte de Montfort le 3 fév. 1298, mis en possession de la baronnie de Faucigny par ordre de son aïeule Béatrix, à Bonneville le 2 janv. 1301, épousa Marie, fille du comte de Savoie Amédée V et de Marie de Brabant, le 9 sept. 1309, fit donation de tous ses biens à son frère Jean le 29 nov. 1315, la renouvela à ses neveux Guigues et Humbert le 24 fév. 1322, et mourut le 3 juil. 1329; GUY, compagnon de son frère dans la guerre de Flandre (1302), gardien de Lyon (août 1307), baron de Montauban, capitaine général en Lombardie (22 fév. 1314), nommé roi de Salonique à Thèbes le 26 mars suiv., avait épousé Béatrix, fille de Bertrand de Baux d'Avellin, dite Pontessona : il testa à Causans le 23 janv. 1318 et décéda le 25 s.; HENRI, dont il sera question dans la notice de Guigues VII; ALIX (*Alasia, Alaysia, Alisia*), fiancée au comte de Savoie Amédée V (1er janv. 1296), fut mariée à Jean Ier, comte de Forez, à Vienne le 28 mars suiv. et mourut vers 1311; MARIE épousa Aimaret, petit-fils d'Aimar III, comte de Valentinois (13 juil. 1297), devint après la mort de son mari prieure de Salettes (1334) et vivait encore en 1355; MARGUERITE fut mariée à Frédéric, fils aîné de Mainfroi IV, marquis de Saluces, par procuration du 14 août 1302; BÉATRIX épousa Hugues, fils aîné de Jean, sire d'Arlay, le 13 fév. 1303, présida le conseil delphinal avant le retour d'Humbert II (4 août-11 oct. 1333) et mourut à Cuiseaux le 10 juin 1347; CATHERINE, mariée par son frère Jean à Philippe de Savoie, prince d'Achaïe (3 mai 1312), était veuve en 1333.

Jusqu'au 6 déc. 1285 la suscription des chartes du dauphin porta : *Humbertus dalphinus Viennensis et Albonis comes dominusque de Turre et de Cologniaco*; dès le 30 juil. 1286, il abandonna définitivement le titre de baron de Coligny. Humbert se qualifiait-il « dauphin, comte de Vienne et d'Albon, » ou « dauphin de Viennois et comte d'Albon »? Voici des textes formels en faveur de la 1ʳᵉ interprétation : *Humbertus Dalphini, comes Vienn. et Albonis; H. D-i, V. et A. c.; H. dalphinus, A. et V. c.; H. d., c. V. et A.; H. d., (V. et A.) comitatuum c.; Humbers darphins et coins d'Arbons et de Viennois* (et même *H. daufins, de V. et d'Album cuens); H. donne à son fils *Dalphinatum et comitatus Vien. et Albonis*; il a un juge *comitatus V. et A.*; Anne omet parfois son titre de *dalphina* et se dit simplement *Vien. et Albon. comitissa*. En voici néanmoins d'autres qui justifieraient la 2ᵉ, mais aucun n'émane du dauphin lui-même : *Humbertus, dalphinus Viennensis; H., comes Albonis ac d. V.; H-t dauphin de Viennois; dalphinatus Viennen. et comitatus A.* Il n'est pas sans intérêt de remarquer que dans quelques pièces originales son nom est écrit *Hymbertus* et *Imbertus*.

La chancellerie d'Humbert a continué de prendre le commencement de l'année à l'Incarnation, quelque soit l'expression employée : *anno Domini, Incarnationis Dominicæ* ou *Incarnati Verbi*. La clef du système suivi à cette époque me semble donnée par un acte du 29 oct. 1300, scellé de la bulle en plomb de Raymond de Mévouillon : *sumpto millesimo quoad indictionem et Incarnationem simul in Annunciatione Dominica*; et confirmée par un *français* instrumentant à Vienne (26 mars 1303) : *est sciendum quod data incipit in Annunciatione Dominica, secundum consuetudinem ecclesiæ Viennensis*. Le style de la Nativité est employé dès le 13 août 1292, dans un acte de Sibylle d'Aix, dame de Sainte-Jalle.

1264

Août, Saint-Etienne sous Treffort.

1267

Septembre 13.

1268

Juin 25, Vienne.
Novembre 2, Vienne.

1270

Février.
Décembre 29.

1271

Mars 6.

1272

Juillet 29.

1273

Mai.

Août 31, Mâcon (*Mastico*).
Septembre.

1274

Janvier.
Octobre 25.

1276

Juillet 31.
Septembre 21; 22.
Octobre 7.

1277

Janvier 18.
Septembre 22.
Décembre 4; 18, Moidieu (*Moydies*); 28; 29, Vienne (*in domo de Muriana juxta claustrum S. Mauricii*).

1278

Mars 30, Vienne (*in capit. FF. Minorum*); 31.
Novembre 11.

1279

Février 28.
Mars 29.
Octobre 3, Saint-Sorlin *(S. Saturninus de Cucheto*, Ain); 12, Bourgoin *(Burgundium)*.
Décembre 16.

1280

Mars 7.
Septembre.

1281

1282

Juillet 6, Saint-Lattier *(S. Eleuterius)*; 29?
Septembre 24, Bonneville?
Octobre 3, Grenoble (cloître de St-André); 26, Romette.
Novembre 6, Oulx; 21, Grenoble.
Décembre 22, (Grenoble?)

1283

Février 1; 11, (Le Puy).
—
Juin 8, (Vienne).
Juillet 2; 7; 14, Romans.
Août 6, Vienne; 7; 12, Vienne.
Septembre, Saint-Sorlin *(S. Saturninus de Cucheto)*; 11; 26, 27, (Vienne).
Décembre 24; 30, Chabeuil.

1284

Janvier 26, Saint-Sorlin.
—
Août 10, Vizille.
Novembre 7, (Grenoble?)
Décembre 15, près Pontcharra sous Avalon; 17, Vizille; 29, Saint-Vallier.

1285

Janvier 24, Saint-Vallier.
—
Mars 28 ou 31.
Juin 3.
Août 16/7.
Septembre; 28, La Balme en Viennois.
Novembre 9.
Décembre 6; 8, (Lyon?)

1286

Janvier 25, (Paris).
Février, (Paris?)
—
Mars 27.
Avril 6.
Juin 3.
Juillet 30.
Août 6; 18.
Octobre 11.

1287

Janvier 7; 13, Vienne (*in domo S. Gervasii*).
Février 1, Vienne; 10; 25, Vienne.
—
Mars.
Avril 8, Saint-Vallier (*in claustro*); 12, Vienne (*in domo S. Gervasii*); 22, Saint-Serlin (*S. Saturninus de Cucheto*).
Mai 10, Saint-Vallier.
Juin 14.
Juillet 1, Lyon; 8, *Crisineiacum*; 12, 14.
Novembre 13; 18, 20, 22, Annemasse (Haute-Savoie); 24, 27.
Septembre 25, Briançon; 27, Embrun.
Octobre 9, Grenoble; 20.
Décembre 1?; 29, Montmiral (*ap. Montem Miratum, infra fortalic.*); 30.

1288

Janvier 3; 24, 25, Lyon.
Mars.
Mai; 13, Vienne (*in domo S. Gervasii*).
Juin 19.
Juillet 5, Saint-Lattier (*S. Eleuterius*).
Décembre 16.

1289

Mars 6.
—
Mai 10; 25, Grenoble.
Juin 20, Contamine; 27.
Juillet 4.
Septembre 23.
Octobre 10, 17, Vienne; 30.
Décembre 9, Vienne (*in domo S. Gervasii*).

1290

Janvier 9, La Balme en Viennois; 13, Bonneville près Faucigny; 24.

Février 1, Crest (Crista).

Mars 7, Saint-Sorlin (S. Saturninus de Cucheto).

—

Mai 18, (La Tour-du-Pin).
Juin 25, Lyon.
Juillet 1, Vienne; 22, 23.
Août 2; 6.
Septembre 4, « Bornete ».

1291

Février 19, Pont-de-Chéruy (supra pontem Charuysii dictum d'Arner); 27.

Mars 22; 31, Grenoble.

Avril 1, Grenoble; 3, Cornillon (Curnillio in Greysiraudano); 7; 10, 12, Grenoble; 15; 21, La Balme (in Vienneysio); 26, Sallanches.

Mai 4, Morat (Muratum).

Juin 6; 30, Lyon (in domo dalphini voc. Colonies).

Juillet 23; 26, Grenoble (in domo dalphini).

Août 18, 19, attaque Genève; en Faucigny, prend chât. de Thyez (Teyz, Tez) sur territ. de Sallaz.

Octobre 3, Vienne.
Novembre 26, 28.
Décembre 4.

1292

Janvier 4, Romans.

—

Mars.
Juin 12, « ap. Burinam Vien. » (La Balme?)
Juillet 13, Vienne (in domo S. Gervasii); 14; 23, 29, Vienne.
Août 20.
Septembre 30.
Octobre.
Novembre 18; 23, 24, Grenoble.

1293

Janvier 22, Chabeuil (Cabiolum).

Mars 7, La Buissière (Buxeria).

Avril 25?; 27, Embrun?; 28.

Mai 26, 27, Saint-Jean-de-Moirans (hospit. S. Johannis inter Voyronem et Moyrencum).

Juin 20, (Clermont?); 26.

Juil. 10, Chabeuil (Cabeolum)

Août 1, Mévouillon.

Septembre, Grenoble.

Octobre 7, (Saint-Antoine?)

Novembre 24.

Décembre 13; 31.

1294

Février.

—, Beauvoir en Royans.

Avril 14; 20.

Mai 26, Grenoble (in domo nova dalphini).

Juin 8, 24, Beauvoir (Bellivisus, Bellumvidere in Roaynis).

Juillet 1, Romans; 7; 15.

Août 7?; 23; 28?

Septembre 19, Embrun?; 30.

Octobre 2; 4, Paris.

Novembre 8, La Balme en Viennois.

Décembre, Paris.

1295

Février; 5; 21, Grenoble.
Mars 2.

—

Avril 8, Vienne; 27; 28, Grenoble (domus palacii dalphin.); 29.

Mai.

Juin 23, Saint-Hilaire(-du-Rosier, S. Ylarius).

Juillet 12, 13, 21, 23.

Août 1; 9, Romans (aula archiepiscop.)

Septembre 21.

Octobre 3.

Novembre 12.

1296

Mars 25; 28, 29, Sainte-Colombe (ap. Viennam, in domo FF. Minor. citra Rodanum in regno).

Avril 23.

Mai 9, (Grenoble?); 22, Vals (c⁰ de St-Uze, *apud Vallem*); 31, Vienne.

Juin 2, 3; 29, La Baume (-d'Hostun, *Balma*) en Royans.

Septembre 1; 15, (Saint-Robert sous Cornillon en Graisivaudan).

Novembre 21, Valréas (*Valriaci, in domo forestarie FF. Minor.*)

Décembre 4; 5, Valréas (ibid.); 26.

1297

Janvier 9, Chabeuil (*Cabeolum*).

Févr. 8, La Balme en Viennois; 15.

—

Avril 3, La Balme de l'ile de Crémieu.

Juin 30?, Cornillon (*Curnillio*).

Juillet 5; 13, Grenoble.

Août 1, Beauvoir (*Bellumvisum*); 19.

Octob, Beauvoir; 23, Nimes (*Nemausium*).

Novembre 1, Valréas; 10, *Vali*; 14; 18, Montbonnot; 25, 27, Valréas (*Valriacum*).

1298

Janvier 8, Upaix (*Upasii, ante palacium*).

Février 3, Montbonnot (*ap. Montem Bonoudum, infra fortalic.*); 16, 17, 20, Grenoble.

Mars 14, Beauvoir (*Bellum Videre*).

—

Juin 17, Lyon (*Lugduni*); 25.

Août 8, (Bourgoin?)

Septembre 3, Die (*Dia*); 7; 28, Montbonnot (*Montbonout*); 30, La Balme en Viennois.

Octobre 20, La Balme; 29, Vienne, abb. de St-Pierre hors la porte.

Décembre 7.

1299

Février 23.

Mars 4.

Mai 4, La Tour(-du-Pin, *Turris*).

Octobre, (Salettes?)

Novembre 7, Quirieu; 14, 16.

Décembre.

1300

Février 1, Saint-Vallier (*in domo prior.*); 3.

Mars 2, Le Puy?); 21.

—

Mai; 4, St-Laurent; 5, Grenoble (*prior. S. Laurentii*); 11, 15.

Juin 21.

Juillet 4, 6, 9, 20?, au siège de Mérindol; 21, Moirans (*prior.*); 28, Grenoble; 30.

Août 1, (Saint-Robert?)

Septembre 5, bastide *del Giure*, territ. de Sisteron près de la Durance; 12.

Novembre 25, Romans (*in domo FF. Minor.*)

1301

—

Juillet 3, Planaise (*Plagnia, Plaignia*) sur l'Isère, près du pont de Montmélian; 12.

Août 24, La Balme.

Septembre 12.

Octobre 5, 21, La Balme.

Novembre 28, La Balme (*in insula Charusii*).

Décembre 3; 22, Lyon; 26.

1302

Janvier 4, ile de Chéruy.

Mars 5.

Juin 8; 18; 25, Vienne (*in gen. capitulo*); 26, 27, 29.

Août 13; 14, La Balme dans l'ile de Crémieu; 31.

Novembre 30.

1303

Janvier (22, Tournus, *Tornutum?*)

Février 13; 17, Aubenas, hôpital de Saint-Antoine; 23.

Mars 4; 26, Vienne.

Avril 17; 18, Pisançon; 19.

Mai 7.

Juin 13, (Serves?)

Juillet 16, 18, 26.

Août 5, 14.

Septembre 9, Briançon.
Octobre 12, Chorges (*Catu-riceae*).
Novembre 14.

1304

Février 14, Valréas?
Mai 5; 15, 16, Baix (c⁰ St-Baudille, *in insula de Charoys, loco vulgaliter appell. Bays*); 31.
Juin 11, 12, 21.
Septembre 11, Briançon; 30, Valréas (*domus prior.*)
Octobre 21.

1305

Avril 23.
Juillet 21, Lyon.
Septembre 16, Grenoble.
Octobre 13, Saint-Vallier (*prior.*); 16, Saint-Alban(-du-Rhône), mandem⁸ d'Auberive (*Albarippa*).
Décembre.

1306

Février 23, Anneyron (mais. de St-Antoine).
Mars 9, 31, Anneyron (*Ganero, Eynaro*), dom. *helemosine S. Anthonii*; 17, Serves (*Cercya*); 23, Saint-Donat; 24, Serves.

Avril 7; 17, Cornillon en

Graisivaudan; 21, 25, 27, Grenoble (*virid. FF. Predicat.*); 28, 29, Moirans (*dom. FF. Minor.*)
Mai; 2, Grenoble?; 11, Serves?; 15.
Juillet 11, 13, 31, Vals (*ap. Vallem*).
Août 16, Moirans (*dom. FF. Minor.*); 31, La Balme (*in insula Crimyaci*).
Septembre 8, 15, 16, La Balme; 30, Saint-Romain(-de-Jalionas)?
Octobre 4, Lyon (*dom. de Royne*)?; 6, 10, 13, Serves (*Cervya*).
Novembre 25, Saint-Lattier (*S. Heleuterius*); 26, Romans?; 29, 30, Cornillon (*Curnill.*)
Décembre; 5, Cornillon; 10, Moirans?; 14, Vienne (*dom. dalphini ap. S. Gervasium*).

1307

Janvier 5, 6, Saint-Donat; 13, Moirans (*Moyr., refect. FF. Minor.*); 22, Saint-Rambert (*S. Raymbertus*); 27, Vals?
Février 1, Chabeuil (*Cabeolum*); 11, grange du Cosnier (*del Coygne*); 14, Chabeuil; 15.
Mars 12, Serves (*Cervia*); 13, Chabeuil.

Avril 10, chartr. du Val-Sainte-Marie.

ITINÉRAIRE

DES DAUPHINS DE LA 3ᵉ RACE

JEAN II.

Le jour même de la mort du dauphin Jean Iᵉʳ (24 sept. 1282), sa mère Béatrix fit don de tout ce qui lui venait de l'héritage de son père Pierre de Savoie et de sa mère Agnès de Faucigny au fils aîné d'Humbert et d'Anne, Jean de la Tour, « in gremio » du bailli impérial de Bourgogne, Hartmann de Baldeck. Le jeune prince avait moins de dix ans et demi (1) lorsque son père en l'émancipant lui céda la baronnie de la Tour « citra Rodanum »; sa mère lui transféra pareillement le Dauphiné et les comtés de Vienne et d'Albon (9 déc. 1289). Cette donation fut solennellement renouvelée à Vienne, avec réserve d'usufruit et substitution éventuelle d'*Hugonet* et *Guiot*, en présence du roi de Sicile, de cinq prélats et de la noblesse dauphinoise (13 juil. 1292); Charles II l'approuva par un acte spécial le 31 déc. suiv. (1293 v. st.) Dès 1294, Jean avait un sceau personnel. Anne lui transmit encore, de la volonté de son mari *(cariss. consortis nostri),* le comté de Gap (15 fév. 1297); l'un et l'autre le constituèrent enfin, le 25 nov. suiv., en pleine jouissance des comtés de Gap et d'Embrun, dont il prit désormais les titres. Le comte de Provence et Forcalquier lui enjoignit de prêter hommage à l'archevêque d'Embrun, avant de le recevoir de ses vassaux (28 mars 1298).

---

(1) VALBONNAIS dit que « Jean n'avoit environ que neuf à dix ans » (t. I, p. 230). Mon calcul est basé sur les données suivantes : le 24 juin 1294 il avait plus de 14 ans, le 9 août 1295 plus de 16, le 5 sept. 1300 plus de 18 et moins de 25 : il était donc né entre le 24 juin et le 9 août 1279.

Par contrat du 25 mai 1296, Jean fut fiancé à Béatrix (*septennio minor*), fille aînée de Charles Martel, roi de Hongrie († 1295), qui était sous la tutelle de son aïeul, Charles II, roi de Sicile; la dot était fixée à 20.000 liv., dont Humbert donna quittance le 20 févr. 1298. Charles II y ajouta le château de Serres, etc. en fief (3 juin suiv.); de son côté, l'empereur Albert, par considération pour sa nièce (fille de sa sœur Clémence de Habsbourg), étendit à la baronnie de la Tour les privilèges du Dauphiné (31 mai 1305).

Jean, comte de Gapençais, prit part au siège de Mérindol en juil. 1300, puis, de concert avec son frère Guiot, à la 2e campagne de Flandre de 1302 (août-oct.) : il dut être armé chevalier à cette occasion, car je ne le rencontre pas qualifié de *miles* avant le 13 févr. 1303. Il retourna en Flandre l'an 1304 et se trouvait devant Lille le 23 septembre. L'année suivante, il fit campagne contre la Savoie avec son cousin germain le comte de Genève Amédée II; ils s'emparèrent des maisons-fortes de Villette près Genève (16 juin 1305) et de *Brou* (18 s.) Le futur dauphin fut moins heureux en 1306 : le comte de Savoie Amédée V lui reprit le château d'Entremont et fit éprouver de grandes pertes à ses troupes dans les défilés de la Chartreuse (octob.)

Aussitôt après les funérailles de son père (18 avril 1307), la noblesse dauphinoise s'empressa de lui prêter hommage; dans celui qu'il rendit lui-même à l'évêque de Grenoble (le 21), il est traité de *magnificus ci p tens vir altœ serenitalis*.

Henri VII, roi des Romains, confirma à Jean II les privilèges accordés par l'Empire à ses prédécesseurs (30 mai 1309), puis le nomma un des six ambassadeurs chargés d'obtenir du pape Clément V la reconnaissance de son titre et son couronnement (2 juin) : le dauphin prêta serment pour lui à Avignon le 26 juil. suiv. Sur la promesse qu'il fit au roi de le rejoindre à sa descente en Italie et de servir sa cause avec 100 hommes d'armes pendant six mois, il obtint l'autorisation d'établir un péage à Auberive comme à Serves (1er sept. 1310). Ses frères Hugues et Guy prirent seuls part à l'expédition; le baron de Montauban conclut à Milan, au nom du dauphin et au sien, une ligue avec Philippe de Savoie, prince d'Achaïe (10 févr. 1311). Couronné empereur à Rome, Henri dispensa le dauphin de toute fidélité envers Robert, roi de Naples (17 juil. 1313), qui venait d'être mis au ban de l'Empire par la diète de Pise : loin de se déclarer contre son oncle, Jean fit avec lui pour six ans un traité d'alliance contre le comte de Savoie (13 févr. 1314). A la suite de trèves signifiées à celui-ci et au dauphin par l'archevêque de Vienne au nom du Pape (30 oct. 1312), les deux princes transigèrent sur leurs prétentions réciproques (10 juin 1314) et s'unirent peu après pour la conservation du royaume d'Arles (17 oct. suiv.)

Aux concessions de son père en faveur des dauphins Philippe le Long ajouta une rente de 2.000 liv., qui fut assise sur des terres en Auvergne (10 août et 27 oct. 1316, 10 juil. et 15 nov. 1317). Jean II fut mandé par le roi pour se rendre à Mâcon à la mi-août 1317 avec « 300 armures de fer »; il fut de nouveau convoqué à Toulouse le 25 déc. 1318. Son beau-frère Charobert, roi de Hongrie, lui donna procuration, le 22 févr. 1317, pour retirer des mains de leur oncle Robert

la principauté de Salerne et le fief (*honorem*) de Montsan-
tangelo; la même année il le pressa de lui envoyer un de
ses fils, *ut ipsum in regno suo provideret*.

Jean continua pacifiquement l'agrandissement de ses domaines : Humbert V, sire de Thoire-Villars, reconnut de lui
en fief les châteaux de Villars et de Poncin (19 oct. 1308);
Guillaume III, comte de Genève, pour se mieux défendre des
comtes de Savoie, lui fit hommage de toutes ses possessions, moyennant 15.000 liv. (16 juin 1316); Geoffroy de
Clermont en fit de même pour ses terres (20 avril 1317); enfin
Raymond de Mévouillon, sur le point de faire le voyage
d'outre-mer (*intendit.. transfretare*), lui céda en toute propriété sa baronnie (2 sept. 1317).

Il n'est jamais question de la dauphine Béatrix de Hongrie
dans les actes de son mari. Elle lui donna deux fils : Guigues
et Humbert, qui succédèrent l'un après l'autre à leur père ;
une fille, Catherine, naquit entre le testament du dauphin
(26 août 1318) et son 1er codicille (16 fév. 1319). Jean II décéda
au Pont-de-Sorgues le 4 mars suiv. (Nécrol. de Saint-André
et du Parlement de Grenoble), âgé d'un peu moins de qua-
rante ans. A la nouvelle de sa mort, le 9, sa veuve, qui était
à La Balme, se dépouilla de tous ses biens en faveur de ses
fils et se retira immédiatement à l'abbaye de Laval-Bressieu,
ordre de Citeaux; elle y fit don, le 29, de ses joyaux pour
une valeur de 3.000 liv. aux dominicains de Grenoble. Elue
plus tard abbesse, elle résigna cette charge le 15 févr. 1340
et choisit pour nouvelle retraite l'abbaye des Ayes (19 avr.
suiv.) Elle en sortit dans la suite et Humbert II, partant
pour la croisade, lui assigna pour demeure le château de
Beauvoir (2 sept. 1345); il fonda encore pour elle un monas-
tère cistercien à Saint-Just-en-Royans (25 oct. 1349) : c'est
là qu'elle mourut en 1354.

La suscription des chartes du dauphin Jean II est conforme
à celle de son père : *Johannes dalphinus Viennensis et Albonis comes dominusque de Turre*; on trouve cependant *J-s
d., c. V. et A.* et *J. d., c. V.* Sa chancellerie resta fidèle au
style de l'Incarnation, bien que l'usage de celui de la Nativité devienne plus fréquent, surtout à Grenoble.

1282

Septembre 24, Bonneville.

1290

Décembre 9, Vienne.

1292

Juillet 13, Vienne.
Octobre 28, Anneyron (*Viennen. dyoc.*)

1294

Juin 24, Beauvoir (*Bellivisus*).
Décembre, Paris.

1295

Mars 19 , La Balme en
Viennois.
Août 9, Romans.

1296

Décembre 4; 5, Valréas.

1297

Février 8, La Balme en
Viennois; 15.
Avril 3, La Balme de l'île
de Crémieu.
Juin 25, Saint-Bonnet (*S.
Bonitus*).
Juillet 30.

Août 19.
Novembre 18, Montbonnot; 25, Valréas.

1298

Février 16, 17, Grenoble.
Mars 9, 10 (pré du Serre), Gapençais; 14, 15, Chorges (v. de Caturicis); 15, Embrun (Ebredunum); 18, Upaix.

1299

Mars 4; 24.
Juillet 18.
Août 15; 22, Grenoble (in domo præposit.)
Octobre, (Salettes?)
Décembre.

1300

Février 1, Saint-Vallier.
Juillet 4, 6, 9, 20?, au siège de Mérindol; 28, Grenoble; 30.
Août 1.
Septembre 5, bastide del Giure sur Sisteron (Saint-Jérôme).

1302

Janvier 19.
Juin 25, Vienne (capit.)
Juillet, Lyon.
Août; en Flandre (v. 15, Arras).
Septembre 3, 28, Arras (aux tentes).
Octobre 1, Arras; 16, Paris.

1303

Février 13; 27, Goncelin.
Mars 5, Gap.
—
Avril 18, Pisançon.
Août 14.
Novembre 18, Montfleury.

1304

Mars 13.
Juillet 28, Grenoble?
Août, Lyon; 11, Paris (in Templo).
Septembre 9, 11, en Flandre; 23, ante Insulam (Lille) in Flandr.

1305

Avril 23.
Juin 16, prend Villette près Genève; 18, prend mais.-forte de Brous.
Juillet 12.
Septembre 1, Grenoble.

1306

Février 1; 21, Saint-Cyr(-au-Mont-d'Or) près Lyon; 22, 28, Lyon, in domo rubea sous Pierre-Scise.
Mars 1, Pierre-Scise (fortalicium); 9, Anneyron.
Avril 4, Aix (Aquis, dom. Forojulien. episc.)
Juin 29, Vals (ap. Vallem, dom. dalphini).
Juillet 11, 17, Vals; 18, Serves; 23, 31, Vals.
Septembre 8, La Balme (in insula Crimiaci).
Octobre 2, 5, chât. d'Entremont (c. de Intermontibus, cᵐᵉ St-Pierre d'E.)
Novembre 9, défait au pass. de la Chartreuse (passus de Catressa ou Charcessa).
Décembre.

1307

Janvier 13, Moirans.
Février 14, Chabeuil; 22, Valréas.
Avril 14, Saint-Nazaire; 15, Saint-Marcellin; 18, chartr. du Val-Sainte-Marie, Saint-Nazaire(-en-Royans), Saint-Marcellin; 19, Moirans; 21, 22, Grenoble; 22, La Buissière, Bellecombe; 23, Allevard; Morètel; 25, Grenoble; 26, Cornillon (cᵐᵉ Fontanil); 29.
Mai (3, Moyrieux; 8, La Balme dans l'île de Crémieu;) 13; 14-20, Vienne; 19, Lyon (Dominic.); (21, Serves?)
Juin 3; 14, Grenoble.
Juillet 8, 9, (10,) Grenoble; 11, Saint-Martin-le-Vinoux, Cornillon; 24, Vals (cᵐᵉ St-Uze).
Août 18.
Septembre (1, Serves?; 4, Le Vuache?)

Octobre 6, (7,) Grenoble; 12, Albon (Temple; 14, Moras).

Novembre 9; 11, Saint-Marcellin.

Décembre 17, Grenoble; (31, Moirans, Francisc.?)

1308

Février 2, 3, 14; (29, *Ginyacum?*)

Mars 3, Saint-Romain(-de-Jalionas), près Crémieu (*in insula*); 7; (21, Beauvoir?)

Avril 16; 18, 20, Grenoble; 21, 23; 25, Saint-Donat; 29.

Mai 21, Saint-Martin-le-Vinoux sous Grenoble; 29, Romans.

Juin (5, Serves?)

Juillet 18, Beauvoir (*ap. Bell'm*); 28, Vienne· 29.

Août 10; 18, Grenoble.

Octobre 2; 19, 20, Auberive (*Alba Ripa subtus Viennam*); 29, Villeneuve de Roybon.

Novembre 15.

Décembre 17.

1309

Janvier 17, Romans.

Avril 24, Grenoble; 29, Saint-Marcellin, Villeneuve de Roybon.

Mai 27, La Balme en l'île de Crémieu.

Juin 20, 22.

Juillet 3; 18, 26, Avignon.

Août; 7, Avignon; 28, Serres (*Cerrum*).

Septembre 25, 30, Romette.

Octobre 12.

Novembre 25, Vizille; 26; 29, Grenoble.

Décembre 9, Romans (Francisc.); 15, Albon (Temple); 30, Saint-Robert, Moirans (Francisc.)

1310

Janvier 10, 12, Saint-Robert; 26, Bais (c° St-Baudille, *Bays in insula* [*Crimiaci*]).

Février 7, Grenoble; 22, 25, Vizille (*Vezilia*).

Mars 5, Moirans (*Moyren-*

cum, Francisc.); 7=17, Avignon (*dom. episcop.*)

—

Avril 11, Grenoble (prieuré de St-Laurent); 12, Saint-Robert sous Cornillon (*in penu seu loyoia claustri*), Cornillon (c° Fontanil); 24.

Mai 2, Grenoble (prieuré de St-Laurent), La Mure (*Mura*).

Juillet 3, 23.

Septembre 1, Césane (*Sezana, in aula dens Aurus*); 5; 12, Briançon; 13; 16, Queyras (*Cadracium*); 18, Embrun; 21, Saint-Bonnet en Champsaur; 24; 25, Mens (*Mencium*); 26; 27, Cornillon (en Trièves·.

Octobre 6; 15, Grenoble; 23.

Décembre 16, Anneyron (*Ennero*, prieuré); 17; (21, Saint-Donat?); 27.

1311

Janvier (3,) 6, 13, Bais (*Bays in ins. Crimyaci*); 22, 23, La Balme (*in i. C.*); 31, Saint-Romain·(-de-Jalionas) près Crémieu.

Février 9, 11, Beauvoir; 12, 14, Chabeuil (*Cabeolum*); 22, Saint-Alban-du-Rhône (mandem' d'Auberive); 24, Lyon; 25, Villeneuve de Roybon; 28.

Mars, Vienne, Chonas, 21.

—

Avril 1, 3, Grenoble; 6, Moirans (Francisc.); 25; 28, Cornillon sur Saint-Robert; 30.

Mai 4, La Part-Dieu près Romans; 18, mand' de Miribel de Val-Clérieux, Saint-Geoirs (*S. Jueurs*).

Juin 4, Beauvoir; 7; 20, 21, Saint-Romain(-de-Jalionas) près Crémieu (*in ins. Crimiaci*).

Juillet (9, Lyon; 18, 19, 24,) 26, Beauvoir.

Août 10, Saint-Martin d'Eybens; 12, Beauvoir; 19, Cornillon en Graisivaudan; 22, Le Bourg-d'Oisans (*S. Laurentius de Lacu*).

Septembre 7, 8, 13, Briançon (*Bryenc3., Briansonium*); 14, Valréas (Antonins).

Octobre, Beauvoir?
Novem. 23, Serves (Servia).
Décemb. 4; 7, 13, Grenoble;
14, 15, 26, Vizille.

1312

Janvier 2, Albon (Temple);
19, Saint-Hilaire([S. Hyla]rius
in mand. S¹ Heleuterii [St-
Lattier]); (24, Moras?)
Février 21, Vienne.
Mars 4; (9, Serves;) 23, av.
26, Vienne.
Avril (19, Romans?)
Mai 3, Vizille; 6, Cornillon
en Graisivaudan; 7, Vizille;
28, Saint-Nazaire?
Juin 2, Grenoble; 6, Serves
(Cervya)· 8, Saint-Donat; 8,
9, Romans (Aumône, Fran-
cisc.); 14, Beauvoir.
Juillet 12, 14, Moirans
(Moyamtum, Moyrencum);
30, Embrun.
Août 1.
Septembre 1, Vienne; 23,
La Balme.
Octobre 13, 14, 15, 24, 25,
La Balme; 30, Beauvoir en
Royans (in domo dicta me-
nueteria).
Novembre; 2, Saint-Bonnet
(en Champsaur); 5, 6, An-
celle; 6, Embrun; 30, Moirans
(Moiris).
Décembre 4, Serves (Cer-
vya); 7, Moras; 18, La Tour-
du-Pin (Turris).

1313

Janvier 1; 3, Chabeuil; 16,
Grenoble; 17.
Février 10; 13, Voreppe
(Vorapium).
Mars 13, Moirans (Moren-
cum).

Mai 24 (d. jov. fest. s. Vin-
centii), Beauvoir.
Juin 3, Paris.
Juillet 16, Grenoble; 22.
Août 13, St-Paul(-d'Izeaux,
monast. Bonæcumbæ); 17,
Chabeuil, Grenoble; 23; 31,
La Balme.
Septembre 3 (,Moirans?); 9.

Octobre 3; 6; 20, 21, Grenoble.
Novembre 16, Echirolles;
20; 29, Grenoble.
Décembre (4, Grenoble;) 6,
8, Saint-Marcellin; 26, Beauvoir.

1314

Janvier 10, Avignon; 22 ou
25=1313 mai 24).
Février 2 (,prieuré de St-
Laurent); 3, Grenoble; 13,
Voreppe (Vorap.); 16; 17,
Beauvoir; 20, Grenoble; 24,
Beauvoir (pons fortalic.)
Mars 3, Beauvoir; 8 (,Gre-
noble?); 17.

Avril 22, Bais (Bays in ins.
Crimiaci); 25, 27, La Balme
(i. i. C.)
Mai 20, Saint-Jean-en-
Royans (prieuré).
Juin 1?; 4, Avalon, Vourey
près Tullins (Toyllinum); 10,
Villard-Benoît (Vilarium Be-
nedictum); 15; 17, Montbon-
not; 23.
Juillet 12, 13, Saint-Martin-
le-Vinoux; 15; 23, Cornillon
(sublus loyciam).
Août 1, Grenoble.
Septembre 1, Vif (prior. de
Vivo); 10; 18, Beauvoir en
Royans; 25, Romans; 29,
Beauvoir en R.
Octobre 4, Grenoble; 9,
Cornillon; 17, sous Faverges
(in prato juxta nemus); 22,
Bourgoin.
Novembre 6; 18; 19, Saint-
Martin-le-Vinoux; 23, Gre-
noble.
Décembre 4, 5, Serves (Cer-
via); 5, Crémieu; 28, Moirans.

1315

Janvier 24.
Février, Anthon; 8; 12, La
Balme; 15, 16, Beauvoir en
Royans.
Mars 9 (al. 20), 15, Grenoble.

Avril 29.
Mai 16, Armieu (cⁿᵉ Saint-
Gervais, Is.)

Juillet 5, Marseille (*Massilia*); 20, Vienne.

Septembre 20.

Octobre 10; 17; 31.

Novembre 5, 6, 11, Grenoble; 22, Saint-Marcellin; 24, La Sône (*cap. B. M. de ponte Sonne*); 29, Grenoble (*dom. dalphin.*)

Décembre 4, Ambérieux (*Ambayriacum*); 27, Bourgoin (*Burgond.*); 31, Grenoble.

1316

Janvier 1, 2, 25, 26, 28, Grenoble.

Février 2, Cuiseaux (*Cuselli*, S.-et-L.)

—

Mars 9, grange du Cosnier (*del Coynier*); 24, Moirans (*Moyrencum*, Francisc.)

Mai 5, Chorges (*Caturicœ*); 17; 21, Savines.

Juin 6?; 16 (Trinit.), 18 (Domin.), 20, Lyon; 24, Bourgoin (*Burgondium*).

Août ap. 9, 30, Lyon (Trinit.)

Septembre 12; 17; 26, 27; 28, Upaix.

Octobre 1, Upaix; 17, Saint-Marcellin; 27, 29, 31, Grenoble.

Novembre 1, 2, (3,) 8, (10,) 27, Grenoble.

Décembre 1, 2, Grenoble; 6, Saint-Marcellin; 7, Villeneuve de Roybon; 14.

1317

Janvier; 1, Grenoble; 31.

Mars 30, Moirans (Francisc.)

Avril 7 (8?), La Balme en

Conseil Delphinal.

1316

Mars 26, Grenoble.

Viennois; 17; 19, Moirans (Francisc.); 20, (*Roverium*).

Mai 7; 16, Saint-Marcellin; 27.

Juin 11, Beauvoir; 15, 16, Grenoble; 20, mais. de l'île de Tullins; 22, Cornillon; 24, Grenoble.

Août 3; 13, Upaix (*fortal. cur.*); 15, Orpierre (*Auripetra*); 16, 17, 18, 19, Visan.

Septembre 2, Orange (*Aurayca, in domo de Arcu*); 9, 14, 16, 18, Briançon (*Brianczonum*); 24, Le Buis (-les-Baronnies, Domin., *in orto prope*); 25, Mirabel (-aux-Baron., *fortal. castri*).

Octobre 9, 10, Grenoble.

Novembre 2, Grenoble.

Décembre 17; 27, Bourgoin.

1318

Janvier 17, Grenoble; 21, Moras; 26, 31, Visan (*Avisanum*).

Février 2, Mirabel (-aux-Baronnies, égl. de St-Julien); 4, Visan; 11, 18, 19, Grenoble.

Mars 2, La Sône (*Lauczonis, Lauzania); 27, La Balme.

Avril 23, La Balme; 24.

Juin 16, 22, 23, 24, Grenoble; 27, Saint-Marcellin.

Juillet 1, Saint-Marcellin.

Août 8; 16, Visan (*Avisanum*); 28, Beauvoir (dioc. de Grenoble).

Septembre 23, Beauvoir.

Octobre 16, 26, Grenoble; 28, 29, 31.

Novemb. 5, 8, 10, Grenoble.

Décemb. 9, 10, Grenoble; 15.

1319

Janvier 17.

Février 10; 16, 24, 25, 26, Pont-de-Sorgues.

Mars 4, ✝ (Pont-de-Sorgues).

ITINÉRAIRE

DES DAUPHINS DE LA 3ᵉ RACE

GUIGUES VII.

Pour la cinquième fois depuis Guigues V, le gouvernement du Dauphiné tombait entre les mains d'un enfant. Né après le commencement de 1309, Guigues VII achevait seulement sa dixième année à la mort de son père (1). En l'émancipant devant l'official de Grenoble, le 6 mars 1314, Jean II lui avait assigné plusieurs fiefs en apanage. Par son testament du 26 août 1318 il le fit son héritier universel : le jeune dauphin devait rester sous la tutelle de son oncle Henri jusqu'à l'âge de 20 ans; par un 3ᵉ codicille (du 26 fév. 1319) ce terme fut abrégé de deux ans.

La régence, heureusement, tombait en des mains aussi actives qu'habiles. Henri était le plus jeune des fils d'Humbert Iᵉʳ (2). En ne lui laissant comme part d'héritage que 500 livres de revenu, sa mère, comme dit Valbonnais, semblait l'« engager par là à embrasser l'état ecclésiastique ». Bien que le *Gallia Christ.* fasse remonter à 1318 sa nomination à l'évêché de Metz par le pape Jean XXII, « Henricus Dalphini, regens Dalphinatum », ne paraît avec le titre de « Metensis electus » que le 12 juil. 1319; dans une lettre du 14 oct. suiv., il prend les titres de « clericus, confirmatus Metensis »; il n'entra jamais dans les ordres sacrés.

Dès le 23 oct. 1310 un traité avait été conclu pour le maria-

_____

(1) Il est dit, en effet, âgé de plus de 14 ans les 17 mai et 28 nov. 1323 et le 24 mars 1324.

(2) Sa naissance est probablement postérieure à l'acte du 12 juil. 1274.

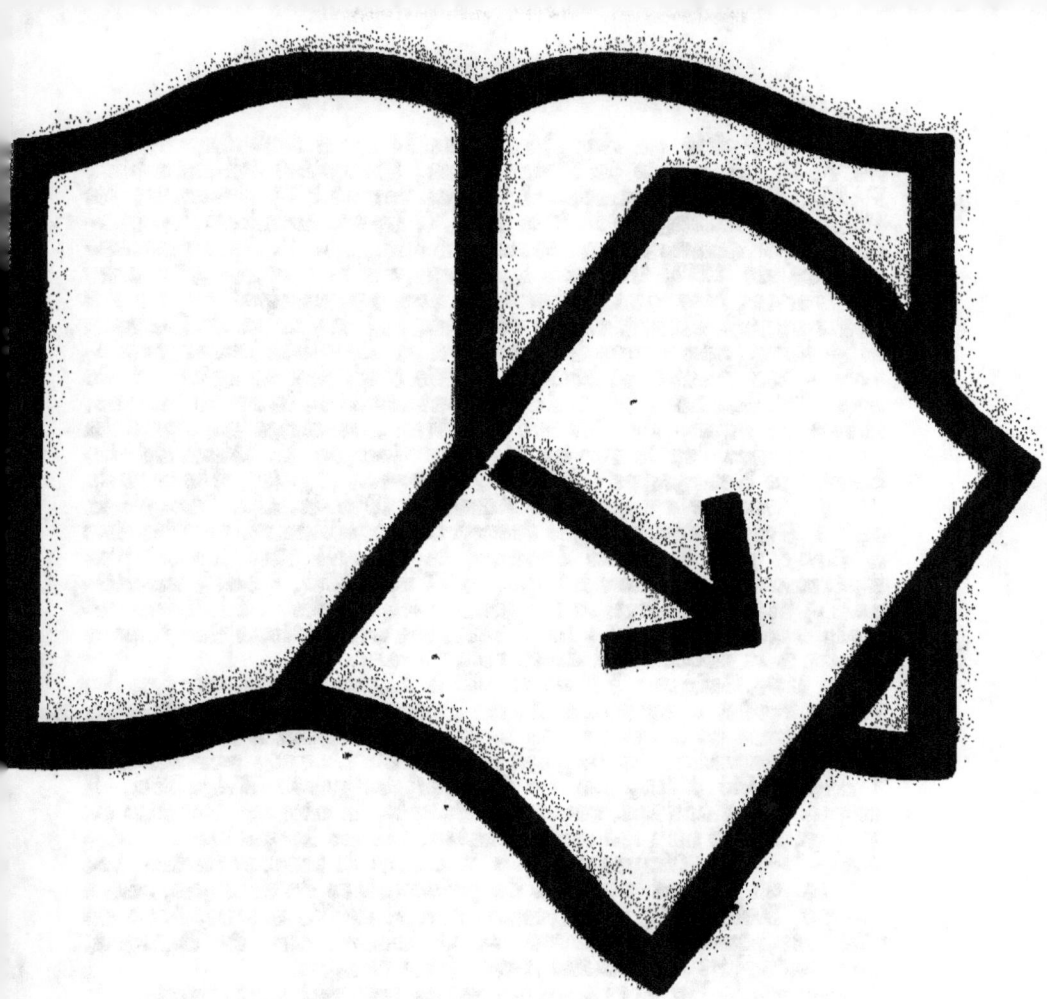

DE LA PAGE 16
À LA PAGE 21

ge du fils aîné du dauphin Jean II avec Isabelle, 3e fille
de Philippe comte de Bourgogne, fut point renouvelée à
Philippe-le-Bel. Cet accord fut renouvelé à l'avènement de
Philippe-le-Long, le 15 juin 1314, à Lyon, pendant le con-
clave qui donna un successeur à Clément V. Au commencement de 1320, Guigues accompagne son oncle à la cour
de France; bien que le terme de son administration ne fût
point expiré, Henri, sur le désir du roi, autorisa de Corbeil,
le 25 janv., son neveu à se rendre en Dauphiné pour y recevoir « les foautes et hommages de tous ses sujets »; de
son côté, son beau-père, du consentement de la reine Jeanne,
invita le comte de Genève à prêter hommage au dauphin
pour toutes les terres qui avaient jusque là dépendu du
comte de Bourgogne (17 fév.). Peu après (7 juin), il le manda
de se trouver en armes à Arras le 15 août. Les fiançailles
entre Guigues et Isabelle furent solennellement confirmées
à Gray par la reine Jeanne, le 6 avril 1322. Le contrat
matrimonial eut lieu à Dôle, le 17 mai 1322, « hors matuti-
nali », et la bénédiction religieuse « ipsa die ». Philippe-de-
Valois régla à Rouen (mai 1331) les prétentions des jeunes
époux à la succession de la reine Jeanne.

En 1324, Guigues VII se rendit à Aix et y fit hommage au
roi de Sicile, comme comte de Provence et de Forcalquier,
du château de Serres et de tout ce qu'il tenait en Gapençais
et dans la vallée de Rogues (24 mars). L'année suivante, le
7 août, aidé d'Hugues de Genève, seigneur d'Anthon, il
gagna sur Edouard, comte de Savoie, la célèbre bataille de
Varey, livrée au pied de ce château, dans la plaine de St-
Jean-de-Vieu (Bagey); cette victoire fit tomber entre ses
mains un grand nombre de prisonniers de marque, entre
autres Robert de Bourgogne, comte de Tonnerre, Jean de
Châlons, comte d'Auxerre, et Guichard, sire de Beaujeu,
auxquels il fit chèrement payer leur rançon.

Son oncle Henri renonça vers ce temps à son archevêché de
Metz (la dernière mention est du 15 juill. 1325) et prit le titre
de seigneur des baronnies de Montauban et de Mévouillon,
que lui avait léguées (avec d'autres fiefs) son frère le
dauphin Jean II; en exécution des volontés de son père,
Guigues lui en fit remise le 21 oct. suiv. Jean, seigneur de
Montluel, donne peu après (30 déc.) à Henri le château de
Vaux et la Bastide de Montluel; il reçut plus tard Saint-
Donat et Bellegarde en échange du château de Méribel
(7 mai 1331).

Guigues VII répondit en 1328 à l'appel du nouveau roi de
France contre les Flamands; il eut le commandement du
7e corps d'armée à la bataille du Mont-Cassel (24 août) et
s'y comporta vaillamment [1]: en récompense de ses services
Philippe-de-Valois lui donne à Paris la maison aux Piliers
en place de Grève (oct.). Fatigué sans doute par cette expédition, où il avait accompagné son neveu, Henri l'institua
par testament son héritier universel le 17 mars suiv. et
mourut peu après.

Rien de saillant à signaler dans les années suivantes

qu'une confédération entre Jean III, duc de Bretagne, et le dauphin (janv. 1329) et le renouvellement de l'alliance entre Philippe de Savoie, prince d'Achaïe, et ses neveux Guigues et Humbert (31 mars 1321). Sur la fin de l'été le comte de Savoie Aimon, successeur d'Édouard, reprit la guerre contre le Dauphiné. Son adversaire s'étant emparé du château de la Perrière (1), le dauphin réunit ses milices et en fit le siège ; dans une téméraire reconnaissance de la place, il fut blessé d'un coup d'arbalète et n'eut que le temps de faire son testament (28 juil. 1333). Pas un mot de sa succession, déjà réglée par le 1er codicille de son père ; le jeune prince, qui mourait dans une grange à 24 ans (?), songea surtout à sa conscience et à révoquer les péages, tailles et autres exactions imposées par son père et son oncle. Il laissa d'ailleurs parmi les contemporains une réputation d'incontinence, exagérée peut-être par la tradition (3), mais dont la tragique histoire de François de Bardonnèche a déposé dans nos annales un trop authentique souvenir.

La dauphine Isabelle figure aussi rarement dans les chartes que sa belle-mère Béatrix ; à son lit de mort, son mari lui laissa 2.000 liv. de revenu, en sus de son domaine ; elle fit partie du conseil delphinal avec sa tante Béatrix de Arlay (à Beauvoir, 23-8 août 1333). Par la suite elle se remaria avec Jean, sire de Faucogney, en Franche-Comté (av. 1335) ; Humbert II régla avec eux les droits dotaux de sa belle-sœur (17 juin 1344). Elle testa à Montmorot (Jura), le 9 juin 1345, en faveur du duc et de la duchesse de Bourgogne.

La suscription des chartes de Guigues VII offre des variantes sans importance ; la formule la plus développée est :

---

(1) Près Voiron, sur la commune actuelle de St-Julien-de-Raz. Par une note insérée dans la *Revue du Dauphiné* de 1878 (t. II, p. 272-3), M. le baron de Rostaing s'est séparé de l'opinion commune, convaincu qu'il s'agit d'un château du même nom sur la commune de Viry (Haute-Savoie). À l'encontre de cette nouveauté, M. Pilot de Thorey a bien voulu consulter une *chartbin* d'un mandement et d'une *chatellenie* importante en 1347-8-9. La Perrière du Graisivaudan n'existait plus en 135? : malgré d'importants préparatifs (dont les comptes subsistent aux archives de l'Isère) pour soutenir un siège, le château avait été pris en 1329/30 par le comte de Savoie, puis rasé après sa reprise par l'armée delphinale. D'ailleurs le texte du chroniqueur Jean Villani porte, non point « castello di Savoia » (Viry est en Genevois), mais « castello del *Conte* di Savoia » (MURATORI, *Rerum Italic. script.*, 1728, t. XIII, c. 735).

(2) Je n'ai pas compté moins de neuf opinions différentes sur le jour de sa mort. Valbonnais incline (t. II, p. 265) pour le 29 juil., qui est celui de son testament ; Chorier (t. I, p. 546), pour le 28, d'après le Nécrol. de St-Robert (n° 245, dont l'autorité ne saurait être vraisemblance, s'il était inscrit à cette date ou se réfèrerait par l'écriture. À la chambre des comptes de Paris (extrait de M. P.-L. Girard, orig. pap.), le gouverneur de Dauphiné Henri de Lyons, parle d'un hommage rendu « ab des Guigue dauphin qui este marie CCC— XXXIII », hence rappel ; on verra par l'alinéa précédent que le conseil delphinal était en fonctions dès le 4 de ce mois.

(3) Voir les historiens cités par RAYNALDUS, *Annal. ecclesiast.*, an. 1333, n° 32.

Guigo delphinus, comes Albonis et Viennæ palatinus domi-nusque de Turre. Sa chancellerie adopta définitivement le style de la Nativité, sans qu'il soit toutefois possible de préciser la date de ce changement; mais Henri, dont j'ai cru devoir dresser l'itinéraire concurremment à celui de son neveu, resta fidèle à l'ancien usage jusqu'à son testament.

1314

Mars 8.

1316

Juin 18, Lyon.

1318

Août 28.

1319

Février 24, 25.
Mars 9.

1320

Janvier 25 (, Corbeil).
Février 17 (, Paris?)
Mars 12.
Juillet 19.
Octobre 2, Grenoble.

1321

Janvier 11, 12, 20, Grenoble.
Avril 4; 9, Avignon (= juillet 9?)
Mai 12; 29.
Juin 16, Grenoble.
Juillet 8, 9, Avignon.
Août 1.
Octobre 10, 15, Briançon; 23, Moras.

1322

Janvier 8, Grenoble (; 9 = 1321 juil. 9).
Avril 5, Briançon; 6.
Juillet 24, Grenoble.
Octobre 19, Cornillon.
Décembre 3, 4.

1323

Janvier 20.
Février 17, Mirabel (*Mira-bellum*).
Avril 8, Vals (*Vallis*).
Mai 17, Dôle (*magna turris lapidea*).

Juillet 29, 30, Beauvoir en Royans (*cam. dicta la mona-stery, monasterio*).
Novembre 23, Romans.
Décembre 5, Grenoble; 8; 11, Crémieu; 14.

1324

Janvier 7, Pagny (*Paignia-cum, Larginalum*); 16, La Balme.
Février 20, Beauvoir en Royans.
Mars 24, Aix (*Aquis, in do-mo regia*).
Avril 10.
Mai 27, Saint-Pierre (d'Al-levard).
Juillet, battu près des Allin-ges; 26.
Août 4, Grenoble; 8, La Buissière.
Novembre 25, Grenoble.
Décembre 12.

1325

Janvier 24, 25.
Février 21, 25, Beauvoir.
Avril 7, 8, (9,) 10, 11, Le Buis(-les-Baronnies, hospic. curiæ, in aula viridi, sala nova).
Mai 31.
Juin ap. 13, Grenoble?; 23, Saint-Étienne-de-Saint-Geoirs (*S. Steph. de S‍ Ivera*); 24, La Tour-du-Pin, Crémieu; 25, Lagnieu; 27, Saint-Sorlin (*S. Saturninus*).
Juillet 6, 7, 8, 9, St-Alban; 9, 10, 11, 12, 13, Neyrieu; 14, 15, Lagnieu; 17, 18, Crémieu; 19, La Tour-du-Pin, Izeaux (*Yseus*); 21, Moras, Beauliou (prieuré).
Août 2, La Perrière?; 7, victoire sous Varey; 12, 13, 14, Crémieu.
Septembre 8, Beauvoir; 21;

27, Grenoble, La Buissière
(*Buxeria*).

Octobre 2, Grenoble; 8, 13,
Beauvoir; 30, Grenoble.

Novembre 21, Vienne.

Décembre 9; 16, Crémieu;
24.

1325

Janvier 11; 18, Saint-Vallier
(prieuré); 31, Vienne (*reffect.
FF. Minor.*)

Février 2, Moras; 7, Beauvoir; 9, Dolomieu?

Mars 1, Villeneuve-de-Vals
(*Vn. de Bercieux*); 9, Beauvoir; 14, Vals (*Vallis*, chât.);
15, Saint-Vallier; 16, Vals;
28, Beauvoir.

Avril 1, Grenoble; 2; 6, 18,
Beauvoir (*cam. voc. minuteria, manusteria!*)

Juin 7, Crémieu; 20, 21,
Grenoble.

Juillet 12, Grenoble.

Août 5; 10, Cornillon; 12,
15, Romans; 18, Montfort (*c*
Crolles); 23, Demptézieu (*c*
St-Savin, *Dentheysiacum*).

Septembre; 2, Grenoble; 5,
Bourg-d'Oisans (*S. Laurent.
de Laeu*); 8, Briançon (*exstr.
Briançonii*); 27.

Octobre 1, 4, 7, St-Martin-
le-Vinoux; 18, 25, Grenoble;
26, Saint-Marcellin.

Novembre 7, Chamagnieu
(*Chamagniacum*).

Décembre 2, Saint-Vallier;
31, Saint-Jean-d'Octavéon (*c*
Châtillon-s.-J. *S. J. de Alta-
veone*).

1327

Février 4, 5, 6, St-Marcellin
près Chatte (*dom. Lombard.*);
7, Grenoble; 11, - Levata -
(Temple d'Echarolles); 14, 16,
Vizille; 17, 19, - Levata - (*dom.
praecept.*); 19, Upaix (*capit.
curia*); 21; 26, St-Paul-lès-
Romans, *cap. hospit.*); 27,
Villeneuve-de-Vals (*V. N. de
Bercieux*); 28.

Mai 5, Grenoble (*maj. curia
dalphin.*)

Juin 11; 22, Beauvoir; 26,
Crémieu (*dom. de Martinas*);
27, 28, Gourdans (*c St-Jean-
de-Niost, à de Gordanis*).

Juillet 5, Neyrieu; 10; 31.

Août (2, 27,) 31, Beauvoir.

Septembre 3, 7, (13,) Beauvoir; (13, Tullins; 16, Loyettes;) 17, 20, Vienne (*dom. de
Canalibus*); 26, Beauvoir (*cam.
de minuteria*).

Octobre 1, Grenoble; 23,
Morestel en bar. de la Tour;
29, Crémieu (*dom. de Martinas*).

Novembre 9, Crémieu; 16,
17, (18, 19,) Grenoble; 22, 24,
25, Saint-Vallier; 26; 28, 30,
Grenoble.

Décembre 2, 3, 6, Grenoble
(*curt. dalphin.*); 11; 18; 20,
22; 23 (Francisc.), 24, Vienne;
(26, Roussillon).

1328

Janvier 3, 6, Montfleury; 8
(St-Laurent), 9, Grenoble; 10,
13; 14, 15, La Buissière; 16;
19, Saint-Marcellin; 20, Saint-
Nazaire-en-Royans; 21, 22;
24, Chabeuil; 29, Montfleury,
(Grenoble).

Février 4, Pérouges (*Pero-
gie*); 10, Tullins; 13, 15 (14 l,)
Grenoble; Demptézieu (*Den-
thaysiacum*), Moras; 17; 18,
Saint-Quentin; 19, (20,) 22,
23, 28, 29, Montfleury.

Mars 2, 3, Montfleury; 4,
Grenoble; 5, 6, 7, La Buissière; 10, Montfleury; 11, 12,
13, 14, Grenoble; 15, Saint-
Marcellin; 17, 18, Valence;
22, Grenoble.

Avril 8, Romans; 8, 9, Pisançon; 10, Saint-Marcellin;
14; 15, 17, Grenoble; 18, Voreppe; 19, La Tour-du-Pin,
Turris), Saint-Chef (*S. Theodorus*); 20, Crémieu; 22, 25,
26, 27, La Balme en terre de
la Tour; 27, 28, Crémieu; 28,
29, 30, La Balme; 30, Crémieu.

Mai 2, La Balme; 3, Cré-
mieu; 3, 4, 5, La Balme; 6,
Crémieu; 6, 7, 10, 11, La
Balme; 20, Saint-Quentin;

Beauvoir; 23, (24,) Grenoble;
24, 26, Montfleury.
Juin 3, Romette; 7, Theys
(radum de Theesi); 9, Saint-
Marcellin; 10, La Sône (Lax-
ania); 12, Châtillon(-St-Jean,
Castillio dom' Viririllæ); 12,
13, St-Donat; 13, Villeneuve-
de-Vals (V. N. de Berchen);
17, 18, Serves (Cerria); 20;
23, 24, Chabeuil; 30, Romans,
Saint-Paul(-lès-R.)
Juillet 4, 5, (6,) Grenoble;
12, Montfleury; (13,) 20, Gre-
noble; 22, 24, 25, Vienne; 27,
Montbrison en Forez; Thiers
(Tiart, Thiarnum), Saint-
Pourçain (S. Porzanus), Mou-
lins (Molias) en Auvergne.
Août, Nevers (Nivernis),
Cosne (Cone), Montargis, Ne-
mours (Nemos); 5, 6, Corbeil
(Corbolium); Paris; Aire(-sur-
la-Lys, Haire, Hayre); 24,
bat. du Mont-Cassel.
Septembre 2, 3, 4; 5, Ypres
(acies ante Ypram); 6-15, Lille
(Insula); 16, hors de Lille; 17,
Arras (Atrebatum, Arraz); 26,
Paris.
Octobre 5, 11; St-Germain-
en-Laye; passe et rep. la
Seine (Seyna); 17, (19,) 28,
Paris (dom. dalphin. apud
Greves).
Novembre 3; Nevers, Saint-
Pourçain, Aigueperse; 20,
Montfleury; 26, Moirans.
Décembre, joûtes à Tullins;
2, Moirans, Saint-Robert; 3,
Grenoble; 4, Montfleury; 5,
Grenoble; 11, Montfleury; 17,
Chabeuil, Romans; 20, Mo-
ras; (25,) 29, 30, Grenoble.

1328

Janvier 1, Grenoble; 1, 3, 4,
Avalon; 8, Montfleury ?; 9,
St-Marcellin; 13, Chabeuil;
15, Chatte (Chasta); 19, 20,
Grenoble; 21.
Février 20; 21, 22, Gap
(cloître de St-André); 23, Ro-
mette (prieuré); 24, Beauvoir.
Mars 1, Vienne (dom. de
Canalibus); 7; 10, La Tour
(-du-Pin, Turris); 11, Bour-

goin (prieuré de Jallieu, Jal-
iyu?); 14, 16, Crémieu; 17,
« Montieche » (dom. Hospit.);
18, 19, 20, 21, 22, Montluel;
(30, Crémieu?)
Avril (3,) 4, 6, Montluel; (24,
St-Marcellin;) 28, Grenoble.
Mai; 7, Grenoble (curt.
hosp. dalph.); 13, Moirans;
29, La Balme.
Juin 10, Crémieu (Augus-
tins); 11, La Balme; 23, Le
Buis (-les-Bar.); 29, (30,) Gre-
noble.
Juillet 6; 7, St-Marcellin;
10, Beauvoir; 10, 12, 13, Saint-
Marcellin; 20, 21, Grenoble.
Août 1, Saint-Donat; 22,
Grenoble; 30, Saint-Pierre
de Champagne.
Septembre (, Clairvaux ?);
21, 28.
Octobre 1, Grenoble; 15.
Novembre 26, Grenoble; 27,
Tullins (Collini).
Décembre 2, St-Marcellin.

1330

Janvier, Bois de Vincennes
(Vicenes); (13, Rozoy-en-Brie,
Rosay in Bria; 22, Villaines).
Mars 3; (18,) 19, Serves
(Cerria); 21, Anneyron; 23,
(24,) Beauvoir; 29, Visan (Avi-
san.); 30, 31, Mirabel(-aux-
Bar., Miribellum).
Avril 1, Mirabel (Mirib.); 3,
(4,) Avignon; 14, Grenoble;
17; 23, 24, (25,) 27, St-Marcellin.
Mai (1,) 3, 7, Grenoble; 12;
14, La Tour (-du-Pin, cap.
Hospit.); 16, Montluel; 19,
Chazey(-sur-Ain, Chasetum);
22, Crémieu (dom. Lumbard.);
24, Saint-Etienne(-de-Saint-
Geoirs).
Juin 2, 3, Moras; 22, Tullins.
Juillet 1, Tullins; (5,) 9, 10,
Jonage (acies cor. castro de
J-e, exerc. de Gennages Jon-
nagiis), bourg de la bastide
de Montluel.
Août (2, Vienne; 3, Moras;)
8, Moirans (Francisc.); 13,
St-Paul-les-Romans, dom.
Hospit.); 14, Beauvoir en Ro-
yans; 23, Grenoble.

Septembre 11, 21, Beauvoir; 23, 30, Grenoble.

Octobre 1; 2, Cornillon; 3; (8,) 9, (10,) 11, 12, Grenoble; 13, 16; 24, Grenoble.

Novemb. 2, Romans (Francisc.); 12, Romans (*Royans*).

Décembre 22, Paris (*dom. delph.*)

1331

Janvier 1, 15, Paris.

Février 8; (13, Montélimar;) 16, Valence.

Mars 10, Grenoble, La Mure; 22, bois des Ayes (*extr. nemoris Ayarum*).

Avril 1, Beauvoir; 3, Romans; 8, Tullins; 20, 24, Avignon; (27, Beauvoir).

Mai 4, Grenoble; 7; 16.

Juin 26, Moirans (*in claustrello s. parlat. FF. Minor.*); 28, 29, 30, Grenoble.

Juillet 1; 3, Grenoble; 8, 12, 19, Beauvoir; 22, 26, 27, Grenoble (Francisc.)

Août 1, 3, Saint-Marcellin; 27, 28, Grenoble (Francisc.)

Septembre 9, Moras; 12, 16, 26, 27, 28, Beauvoir.

Octobre 15, Paris; 28, Bouzonville (*Bosonville in Gastinois*).

Novembre 22, Montargis.

Décembre 12.

1332

Janvier 30, Grenoble (Francisc.)

Février 5, Beauvoir en Royans; 13, Montluel; 14, Beauvoir; 29, Crémieu (*dom. Lombard.*)

Mars 6, 7, *Bocsanne*; 8, Quirieu; 9, *Lueys*; 10, Lagnieu (*Langiacum*); 25, 28, Visan (*Avisan.*); 29, Pont-de-Sorgues.

Avril 2, Visan; 7, Beauvoir; 11, Auberives-en-Royans; 13, Beauvoir; 17, St-Antoine; 22, Beauvoir.

Mai 5, 12, (13,) 15, 17, Grenoble.

Juin 1, Grenoble; 10, Beauvoir; 20, Bourg-d'Oisans (*S. Laurencius de Lacu in Oysencio*); 25, 27, 28, 30, Briançon.

Juillet 1, Briançon; 2, Bardonnèche; 3, 4, Briançon; 5, 6, Vallouise (*Vallis Puta*); 6, Saint-Martin-de-Queyrières; 7, 8, 9, 11, 12, 13, 20, 21, 22, 31, Briançon.

Août 7; 8, Grenoble; 18, 19, Crémieu (August.); 24, Tullins (*prior.*), Moirans (Francisc.); 27, 30, Beauvoir.

Septembre 19, Pisançon (*Pisancianum*).

Octobre 19-22, St-Antoine?; 28, Montbonnot; 29, Montfleury.

Novembre 5, Vienne (*dom. de Canalibus*); 18, Montbonnot (*Mons Bosondus*); 22, Voreppe (*Vorapium*); 29, 30, Romans.

Décembre 5, Romans (*dom. archiepisc.*); 10, 20, Vienne (*d. de C.*)

1333

Janvier 1, Loriol, Montélimar; 5, Avignon; 11, Valence, Saint-Marcellin; 15, Grenoble; 16 (4!) Montbonnot; 29, Lyon (Dominic.); 31, Vienne (chap.)

Février (8, Grenoble;) 12, Montbonnot; 18, Grenoble; 19; 20, Loriol; (23=) 26, Avignon, Orange, Pierrelatte (*Petra Lata*); 28, Romans.

Mars 1, Saint-Marcellin; 5, 6, Grenoble; (21, Beauvoir?); 30.

Avril (14, Grenoble;) 15, Cornillon; 16, Saint-Égrève (*S. Agripinus*); 26, Arpavon.

Juin 21, Cornillon; 22, Grenoble (Francisc.)

Juillet 2, Pisançon (*Pisancianum, castr. delph.*); 6, 7, Grenoble (Francisc.); 11, Tullins (*Togllinum*); 12, 16, (17,) 21, 22, Beauvoir; 28, La Perrière (c™ St-Julien-de-Raz, ante Pereriam, in grangia)

Henri Dauphin

1319

Mars 31, Moras.
Avril 1, 3; 14, Meirans.
Mai 8, Grenoble; 12; 17, 19, Annecy (*Anneciacum*); 19, Rumilly en Albanais; 21, Clermont en Genevois; 22, La Roche en G.
Juin 22, Avignon.
Juillet 12; 17, 21, 24, Grenoble; 24, Anneyron (Antonins).
Août 1; 6, Grenoble; 27, Crémieu.
Septembre 10; 16, Saint-Marcellin; 25, Grenoble; 26.
Octobre 14, Valence; 22.
Novembre 17, Grenoble.
Décembre 9, La Balme; 29, Beauvoir.

1320

Janvier 5, Bourgoin (*Bergondum*); 25, Corbeil.
Avril 8.
Juin 22.

1321

Janvier 8, 9 (*in curia nova*), 12 (*J. plateam St Andreæ*), Grenoble; 28; 31, Saint-Marcellin; 31, Beauvoir en Royans.
Février 1, Saint-Marcellin en Viennois; 22; 24, Bonneville.
Mars 2, (Bonneville?)
Avril 9 (= juillet 9?); 21, 26, Grenoble.
Mai 4; 12, Grenoble; 30, en Faucigny.
Juin 6, 15, 16, Grenoble; 17, Beauvoir.
Juillet 5, 7, 9, 16, 30, Avignon.
Août 6, Grenoble; 31, La Balme.
Septembre 4; 6; 14, La Tour-du-Pin, *Turris*); 26, 27, 30, Grenoble.
Octobre 1, Grenoble; 6; 8, bois des Ayes (*nemus Agerum*); 15, Grenoble; 19 (*dom. Caraglium*), 21, Vienne; 22; 24, Grenoble; 26.

1322

Janvier 2, 3, Grenoble; 28, 29, Romans (*dom. Bôton.*)
Mars 16.
Avril 13, Briançon.
Juillet 15, 16, 18, 23, Grenoble; 24, Crémieu; 26, Gap (Francisc., *Vapin.*).
Août 3, Nyons (*Niahoniis*); 13, Peyrins (*Pagr.*); 24; 27, La Balme; 30, 31, Crémieu.
Septembre 20, Prébois (*Pratum Busi*).
Octobre 12, Grenoble; 19, Corillion.
Novembre 12, 16, (22,) 23, 25, 27, Grenoble.
Décembre 3; 7, Charmes (*Charment*); 15, Serves (*Cersis*); 30.

1323

Janvier 30, Goncelin (*versus Pererium*).
Février 17, 26, Mirabel.
Avril 8, Vals; 9; 11, Vienne (*Avienn.*); 15, Le Puy (*Anicium*).
Mai 4, Beauvoir; 8, La Tour-du-Pin, *Turris*); Lagnieu (*Lagniacum*); 17, Dôle.
Juin 21.
Juillet 9, 10, 15, 16, 21, Grenoble; 30, Beauvoir.
Août 20, 26, Crémieu.
Octobre 22, Chabeuil; 25, Tullins.
Novembre 1, Moras; 8, Grenoble; 10; 16, Beauvoir; 23, Romans.
Décemb. 2, 5, 7, 8, Grenoble; 22; 28, Beauvoir.

1324

Janvier 5; 7, Pagny (*Paigniacum*); 14, La Balme.
Février 21, Beauvoir en Royans.
Mars 24.
Avril 23, Grenoble.
Juin 10, Montbrison.
Juillet 25, Saint-Antoine; 31, Grenoble.

Août 4, Grenoble; 8, La
Buissière; 10, 12, Saint-Mar-
cellin; 12, 22, 23, Crémieu; 31,
La Balme.

Septembre 5; 6, Bourg-
d'Oisans (*Burgus S. Laurentii*); 11, Bois des Ayes (*dessous
Aperam*); 18, Briançon; 21,
Embrun.

Octobre 4, Vizan (*Asias-
aum*); 19; 24; 28.

Novembre 8, Grenoble; 15;
19, Briançon; 20, St-Bonnet
en Champsaur; 25, Grenoble.

Décembre 7, Romette (*eau.
dom. Elesmegecinc*).

1385

Février 8, Grenoble; 20; 21,
Beauvoir en Royans.
Avril 1.
Juin 25/6, Lagnieu; 27, Saint-
Sorlin.
Juillet 9, Beauvoir; 15, Va-
lence.
Août, en Faucigny; 20; 26,
Avignon.
Septembre 1, quitte terre de
la Tour; 2, Le Buis (-les-
Baronnies, *eam. S. Thomas
maj. Acap.*, Domin.); 8, Beau-
voir; 9; 21.
Octobre 15, Beauvoir; 25,
Grenoble.
Décembre 9; 16, 29, Cré-
mieu.

1386

Janvier 18, Saint-Vallier.
Avril 18, Beauvoir; 22, 24,
Grenoble.
Mai 17, La Balme; 21.
Juin 26, Grenoble; 24, Ro-
mans (*Francise*).
Août 23, Tullins; 26.

Octobre 19, Saint-Martin-
le-Vinoux; 21, St-Marcellin.

1387

Janvier 12, Vizan (*Asias-
aum, eam. fornell*).
Février 4, 6, Saint-Marcel-
lin; (7, Grenoble;) 12, - Leva-
in -; 14, 16, Vizille; 26, Saint-
Paul-lès-Romans.
Mars 13, La Balme; 26,
Montluel.
Avril 22.
Juillet 10.
Septembre 13; 17, Poncin
(Ain); 24, Saint-Donat.
Octobre 4, - M'ean' -.
Novembre 22, Saint-Vallier;
24, Grenoble; 26.
Décembre 5, Grenoble; 26,
Roussillon.

1388

Janvier 3, Montfleury; 4,
Vizille; 6, Montfleury; 16.
Février 10, 13, Avignon;
22; 27, Grenoble; 28, Mont-
fleury.
Mars 14, Grenoble; 18, Va-
lence.
Avril 1, Vizan (*fortalie.*)
Mai 13; 16, Pérouges; 26,
Montluel; 29.
Juin (23,) 24, Avignon; 30.
Juillet 27, Montbrison.
Août 6, Corbeil.
Septembre 17, Arras.
Novembre, en Auvergne;
29, Beauvoir.
Décembre 11, Montluel; 17.

1389

Mars 17, Beauvoir, - Mon-
tinche - (*dom. Hospit.*).

En terminant la publication de l'itinéraire des Dauphins
de la 3me race, je suis heureux d'offrir le témoignage de ma
gratitude à MM. P. Guillaume, E. Pilot de Thorey et J.
Roman, pour les indications dont ils ont bien voulu enrichir
mon travail.
Romans, 31 octobre 1888.

ITINÉRAIRE

du

DAUPHIN HUMBERT II

Le règne du dernier souverain indépendant du Dauphiné a une importance exceptionnelle dans les annales de notre province : il serait superflu d'insister auprès des érudits sur l'utilité qu'il y avait à dresser l'itinéraire suivi dans ses voyages par Humbert II. La masse considérable de documents mis en œuvre pour l'établir, d'une manière à peu près complète, donnera peut-être l'idée d'une étude plus approfondie du gouvernement de ce prince, sur lequel les historiens les plus récents ont trop négligé une source incomparablement précieuse d'informations : les registres de sa chancellerie, en très grande partie conservés aux archives de la préfecture de l'Isère.

Fils du dauphin Jean II et de la dauphine Béatrix de Hongrie, Humbert naquit à la fin de 1312; il devint baron de Faucigny à la mort de son oncle Hugues, en 1328, et succéda comme dauphin de Viennois à son frère Guigues VIII (VII), le 29 juillet 1333. Il résidait alors à la cour de Naples : son pèlerinage aux églises de Rome et son retour en Dauphiné sont assurément la partie la plus curieuse de ce travail. Pour la période correspondant à la croisade de 1345-7, il m'a semblé utile de donner, au-dessous de l'itinéraire — forcément incomplet — d'Humbert II, celui du régent du Dauphiné en son absence, l'archevêque de Lyon Henri de Villars.

Deux sortes de documents ont servi à la rédaction de cet essai : les chartes du dauphin, les comptes des trésoriers et des châtelains. Ceux-ci, souvent féconds en renseignements, ne sont pas toujours suffisamment précis pour les dates et rendent la chronologie incertaine. Il en est tout autrement des lettres patentes d'Humbert : sa chancellerie n'a jamais cessé de prendre le commencement de l'année à Noël (*a Nativitate*), comput d'après lequel le millésime des sept derniers jours de chaque année est en avance d'une unité ; les pièces renferment, presque toutes, l'indication du lieu où elles ont été données, ordinairement aussi celle du palais, château, église, couvent, maison, chambre, etc. que j'omets pour abréger ; les lettres closes sont excessivement rares.

Ce n'est pas que je n'aie été plus d'une fois embarrassé : certaines juxtapositions de lieux éloignés à des dates trop rapprochées mettront le doute dans l'esprit du lecteur ; il ne m'a pas toujours été loisible de remonter à la source même de ces contradictions et de préciser les causes d'erreur. Elles doivent, pour la plupart, provenir de fautes de transcription. Je n'en citerai qu'un exemple, qui sera la meilleure justification de cette aride monographie : Valbonnais a publié (*Hist. de Dauph.*, t. II, p. 359-62), un traité d'alliance entre le dauphin et le comte de Savoie, qui aurait été passé à Charentonnay, le 7 décembre 1337, époque où Humbert ne semble pas avoir quitté Grenoble : vérification faite dans le registre du notaire Humbert Pilat (arch. de l'Isère, B. 2611, f° 220), d'où l'éditeur l'a extrait, j'ai constaté que cet acte y porte la date du 7 *septembre*, qui concorde avec le reste de l'itinéraire; cette même date est encore donnée par le t. II de l'inventaire *Generalia*.

Quand le nom de lieu manque à l'original d'une pièce ou à l'inventaire qui en fournit l'analyse, le jour du mois est inscrit entre deux points-virgules; si ce nom peut être légitimement conjecturé, le chiffre du jour est placé entre parenthèses.

J'adresse, en terminant, à mes confrères-en érudition le souhait de recevoir des compléments à cet essai; ils seront fructueusement utilisés dans le *Régeste dauphinois*, dont l'itinéraire de nos dauphins n'est que le préambule.

1331

Juillet 9 (, Avignon ?).

1326

Mars 26.
Octobre 4, Saint-Martin-le-Vinoux.

1328

Juin 24, en Faucigny.
Décembre 2, Saint-Robert; 3, Grenoble ?; 17, Romans.

1329

Juin 10, Crémieu (Augustins); 29, Grenoble ?.

1330

Mars 19, Crémieu (*Crimiacum*).
Août 3, Moirans; 10, Saint-Paul(-lès-Romans); 16, Beauvoir en Royans; 21, Grenoble.

Fin, part pour la Hongrie [1].

1332

Juillet 26, Casasana, près Castellamare (*castrum Maris de Stabia*).

Septembre 22, Naples (tournoi).

Octobre 9, Naples (noces).

Novembre 2, Naples.

Décembre 18, Naples.

1333

Janvier 15, Naples.

Février 2, Naples.

Mars, Naples ; Aversa, *Pons ad Silicem*, Capoue ; Teano (*Tyanum*), Mignano (*Minianum*), Mont-Cassin (égl. de St-Benoît) ; *Alangia*. — ROME : Saint-Pierre (du Vatican) ; St-Jacques (au Borgo) ; St-Sébastien, Domine quo vadis, St-Paul-hors-les-Murs, *ul tures st Pauli* (St-Paul-aux-Trois-Fontaines ?), St-Barthélemy, St-Sauveur (in Onda), Arméniens (Ste-Marie-l'Egyptienne ?); Ste-Croix (de Jérusalem); St-Paul, St-Laurent (in Paneperna) ; Ste-Praxède ; Ste-Marie-de-la-Rotonde (Panthéon) ; Ste-Marie-Majeure ; (St-Pierre du Vatican). St-Pierre (-aux-Liens); Ste-Agnès (*montales*); Ste-Suzanne; près du Tibre. St-Sébastien ; St-Georges (in Velabro), St-Alexis, *S' Sacco*, Ste-Marie *de Manu ;* Ste-Marie-de-la-Minerve, Ste-Sabine, St-Cyriaque, St-Jean-de-Latran. St-Pierre (s' Suaire), Ste-Euphémie, Ste-Marie-la-Neuve (Ste-Françoise Romaine), St-Jean devant la Porte-Latine, St-Sixte, St-Sauveur. St-Pierre (confession). — Sermoneta (*Sulmoneta*), Fossanuova (*Fossa*

---

(1) Il n'y a pas lieu de tenir compte d'une pièce du 10 octobre 1330, donnée à Naples par Humbert comme *dauphin (Reg. instrum. baron. Medull. et Montis Albani, f° IIII ᵃˢ);* elle me paraît suspecte, même en admettant une erreur de millésime (1333 au lieu de 1330.)

Nova), *Scaulum*, Mola près Gaëte (*Moleta Gayeta*), Sessa (*Suessa*).

Avril 1 (jeudi s¹), 2 (vend. s¹, égl. de Piedigrotta, *S. Maria de Pedegroce*), 4 (Pâques), Naples.

Mai, (Naples).

Juin, (Naples); 26.

Juillet 19, va en Pouille (*Apulia*); 28, Barletta (*Barolum*); 29, Bisceglia (*Vigilia*, Ste-Trinité); Bari (St-Nicolas).

Août 5, Barletta; Andria; 15, Melfi (*Melphia*); 19, S⁴ Maria de *Uliolo*; Naples; 24, 25, 30.

Septembre 5, égl. de Piedigrotta (*S. Maria de Padigrotte*); 7, 8, 10, 11, Naples (naiss. et bapt. d'André).

Octobre 15, Naples; 17; Pouzzoles (*Puteolum*), Ischia (*Iscla, Yscla*); Gaëte (*Gayeta*), *Sta-Restituta*; 23; Porto-Venere (*Portus Veneris*); 28, Portofino (*Portus Dalphini*); 28, 29, 30, 31, Gênes (*Janua*).

Novembre 1, 2, Gênes; 4; 5, Villefranche (*portus Olibant*); 5, 6, 7, 8, 9, Nice (*Nicia. Niczia*); 10, passe le Var (*flumen Niczia*); 11, Villeneuve-Loubet (*Villa Nova*), passe le Loup (*flumen V. N.*), Valbonne (*collis de Verbon.*); 12, Grasse (*Grassia*); 13; 14, Garonne (*pons Garo, de Garrono*), Draguignan (*Drachinianum, Dragui-m*); 15, Brignoles (*Bonica, Briniola*); 16; 17, 18, 19, Saint-Maximin (*S. Massiminus*), la Sainte-Baume (*Balma*); 20, Saint-Zacharie (*S. Zaccarias*); 20, 21, Aubagne (*Bolneum, Albanea*); 21, 22, 23, 24, Marseille (*Marsilia*, St-Louis, St-Victor); 24, Les Pennes (*Pennæ*), Berre (*Berra*); 25, Salon (*Sallonum*); 26, Orgon (*Urgo*), Noves (*Novæ*); 27, 28, 29, 30, Avignon.

CONSEIL DELPHINAL

Août 4, 5, La Perrière (*in acie ante castrum Pereric*); 7, Graisivaudan; 14; 16, Montfleury; 23, 26, Beauvoir.

Septembre 5, Graisivaudan.

Octobre 5, 11, Beauvoir.

Décembre 1, 2, 3, 4, 5, 6, Avignon (Ste-Claire d'Arles); Valence; 14, 16, 18, 22, 24, 31, Beauvoir.

1334

Janvier 1, Beauvoir; 2, 3, Saint-Marcellin; 4; 5, (6,) 7, 8, 9, 10, 11, 12, 13, 14, 15, 16, 17, 18, 19; (20, 22,) 23, 24, 25. Grenoble.

Février 1, 6, 7, 8, 9, 10, 11, 12, Grenoble ; Beauvoir ; 15, 16, 17, 18, Montluel ; 20, Meximieux ; 21, 22, Montluel ; 23, (24,) 25, La Balme ; 27, 28, Crémieu.

Mars 1, Jallieu près Bourgoin ; 3, Bourgoin ; 4, Morestel ; 6, Neyrieu ; 8, Saint-André de Briord ; 9, Saint-Sorlin (*S. Saturninus*); 10, Lagnieu ; 12, 14, 15, 16, 21, 22, (23, 27,) 30, 31, La Balme.

Avril 1, 4, (10,) 11, 12, (13,) 15, La Balme; 16, Salettes ; 17, 18, La Balme ; 22, Crémieu ; 26, La Balme ; 27, Saint-Chef (*S. Theodorus*).

Mai 2, Vienne; 3 (13 !), Moras; 5, Grenoble; 6; 7, près du pont du Glandon entre Chapareillan et Montmélian ; 8, La Frette (c^{ne} du Touvet, *Frayata*) ; 11, Briançon (en Maurienne ?); 16; 18, La Grave ; 19, Briançon; 19, 20, Césane; 21, 23, 24, Oulx; 29 (19 !), Exilles.

Juin, Suse ; Pragelas, Valcluson ; Pignerol (*Pineyrol*); 11, bois des Ayes (*nemus Ayarum*); 13, 14, Césane; 16, Château-Queyras; 20, 21, Le Pont en Briançonnais; 27, Château-Queyras.

Juillet 2, 5 ; 9, 12, Upaix ; 13 ; 18, (21,) 23, Mévouillon; 24, 25, 27, 28, 29, 30, Le Buis (-les-Baronnies).

Août 1, 2, Mérindol; 3, Mirabel (-aux-Bar.); 4, Châteauneuf-de-Bordette; 7, 12, Visan (*Avisanum*) ; 16, 20, 24, 26, (27,) 29, 31, Avignon.

Septembre 1, 3, 7, 10, 15, (17,) 26, 29, Avignon.

Octobre 2, Avignon; 6, 7, 9. 12, 14, Visan; 17, 19, Nyons; 20, 21, 22, Briançon; 23, La Bessée (*Beceya*), Embrun; 24, 25, Mens? Novembre 3, 4, 5, 7, (8, 9,) 18, 22, (24,) 29, La Balme.

Décembre (4,) 5, 6, La Balme; 7; 9, Salettes; 12, Vienne; 14, Valence; 20, 25, 27, Avignon.

1335

Janvier 8, 14, 15, 17, 18, Avignon; Marseille?; 25.

Février 13; 14, Ballons (*Ballon*) ?; 15, La Balme; 19, 24.

Mars 2, 4, 5, 6, (8, 10,) 11, 17, 18, Crémieu; Morestel; 22, 24, 31, Quirieu.

Avril 9; 11, 16, La Balme; 17.

Mai c¹, Vienne; 3, 4, 5, 11, 12, 13, 14, Avignon; 19, 20, Langeac; 20, Brioude; 22, Pont-du-Château; 23, Aigueperse.

Juin 1, Grenoble?; 4, Beauvoir?; 18, Le Plessis en Normandie; 19, Mainneville.

Juillet 12, 30, Paris.

Août, bois de Vincennes ?; 3; 8, 10, 17, Paris; 19, Saint-Germain-des-Prés près Paris; 20, Paris.

Septembre 3; retour de France; 7, 8; 11, 13, 16, 17, Grenoble; 22, Cornillon en Graisivaudan; 22, (23,) 26, 27, (30,) Grenoble.

Octobre 1, Grenoble; 8, 10, 12, Beauvoir; 16; 29, Roche-de-Glun; 29, 30, Beauvoir.

Novembre 3, 4, 5, 6, Moirans; 7, chartreuse de la Silve (-Bénite); 7, 8, 9, 10, Moirans; 13, 14, 15, 16, Saint-Sorlin (Ain); 19, 20, Quirieu; 21, 22, 23, 24, 25, 26, 27, 28, La Balme; 29, Crémieu.

Décembre 1, 2, Colombier (-et-Saugnieu); 3, 4, Saint-Laurent (-de-Mure) en Viennois; Meximieux; Pont-d'Ain (*Ponzinum*); 14, Nantua; 19, en Faucigny; 21, Bonneville.

1336

Janvier 7, 9, 16, (22,) 24, 28, Cluses (dioc. de Genève).

Février 6, Châtillon en Faucigny; Bonneville; 12, Bonne; 13, Allinge Vieux; 15, 16, Hermance; 16, 17, Coppet; 17, La Balme de Sillingy (*Cousengie*); 20, Salettes; 22; 24, La Balme; 25; 29, Crémieu.

Mars 1, 2, 3, 4, Crémieu; 6, Roche-de-Glun; 7, Valence; 10, 11, 12, 13, 14, 15, 16, 17, Avignon; Marseille (St-Louis); 22, Avignon; Orange ?; 25, Roche-de-Glun (*Ruppis*); 29, Le Buis.

Avril 8; 12, La Balme de Viennois; 20, 26; 29, Crémieu.

Mai 4, Crémieu; 10 (*nemus Lovarescie*), 11, 12, La Balme; 19, Beauvoir; 23, 25, Saint-Marcellin; 26, Beauvoir.

Juin 4, Beauvoir; Chambéry; 10, Avalon; 11, Bellecombe; 12, Barraux; Grenoble; 17, 18, La Sône (*Clauczonia, Sonna*); 19; 20, (23,) 24, 26, Beauvoir.

Juillet 5, La Sône (*Losona*); 16, Mouthier-en-Bresse (près la Brenne); Châlon.

Août 2, 3, Pagny-le-Château en Bourgogne;4, Chaussin.

Septembre 3, 8, 9, La Balme; (18, Lagnieu;) 21; 26, Grenoble.

Octobre 1, 2, 4, La Balme; 8; 18, Ordonnas (*Ordenacum*); 19, Portes; 20, 23, Ordonnas; 29, La Balme, 31.

Novembre 2, Lompnas (*Lonnas*); 3, 4, Ordonnas; 5; 9, Lompnas; 12, Ordonnas; 13/4, Lompnas; 15, 16, 17, Ordonnas; 17, Lompnas; 18, La Balme; 22, Salettes; 23, 24, 26, La Balme.

Décembre 13, Crémieu; 19, 21, La Balme; 26, Crémieu; 31, La Balme.

1337

Janvier 2, La Balme; 20; 22, Lyon; 24, Vaulx-en-Velin (*castrum de Vallibus prope Lugdunum*); 25, Colombier (-et-Saugnieu); 27, Saint-Laurent (-de-Mure) en Viennois, Chandieu; 30; 31, La Tour-du-Pin.

Février 2, 4, La Balme; 7, 8, Crémieu; 9, 10, La Balme; 16, Beauvoir; 21, Pinet; 22, Saint-Marcellin.

Mars 2; 5, 8, 15, Avignon; 20, Saint-Ruf près Avignon; 24, 26, territ. de Visan; 31, Le Buis.

Avril (3,) 6, 7, 10, 24, Le Buis; 26, Le Pilhon (*Arpihon.*).

Mai 5, 13, 14, Avignon; 22, Le Buis.

Juin 2, 4, 6, 7, 16, 17, 20, 28, Le Buis (baronnie de Mévouillon).

Juillet 2, Le Buis; 5, Mévouillon; 7, Roche (-sur-le-Buis, *Ruppis*); 8, Le Buis; 15, Vienne; 15, 17, Beauvoir; 21, Saint-Donat; 23, 24, 25, 26, 27, 28, 29, (31,) Vienne.

Août 2, 7, 14, 15, Vienne; 20, Beaurepaire; (21, 23, Vienne;) 28, 29.

Septembre 7, camp. près Charentonnay, C-y; 10, 11, 14, 15, 17, 18, 19, Vienne; 20; 24, Moirans; 24, 25, Grenoble; 25, Barraux; 29, (la grande) Chartreuse.

Octobre 4, Grenoble ; 18; 23, Vienne ; 27, Crémieu.

Novembre 4, La Balme ; 8, 9, Crémieu ; 10; 18, 22, 25, 27, 28, Grenoble.

Décembre 2, 4, Grenoble ; 5, Montbonnot ; 6, Grenoble ; 13; 14, Allevard ; 16, 17, 18, Grenoble ; 20, 26, 30, Beauvoir.

1338

Janvier 2, La Sône (*Sonna*) ; 5, 30, 31, Beauvoir.

Février 4, 7, 8, 10, 14, 16, Beauvoir ; 21, La Tour-du-Pin (*Turris*); 26, 27, (28,) Crémieu.

Mars 1, 2, 3, 7, 8, Crémieu ; 9, 11, Montluel en Valbonne; 13, Quirieu ; 14, Lagnieu ; 18, Salettes ; 24, Crémieu ; 26, La Balme ; 30, Montluel ; 31, Lyon.

Avril 1, 2, Lyon ; 9, Grenoble ; 9, 13, 15, Beauvoir ; 19, 21, 23, 25, Chabeuil ; 26, 27, Pisançon ; 29, Romans (St-Barnard).

Mai 3, 5, 6, 7, 10, 11, 14, 15, 19, 24, Beauvoir.

Juin 12, 15, Beauvoir; 16, 17; 19, 20, 24, 25, (27,) 30, Moirans.

Juillet 2, 3, Moirans ; 4, 7, 9, 10, 11, Rives; 11, 12, 13, 14, (16,) 18, 20, 21, Beauvoir ; 29; 31, Beauvoir.

Août 6, Saint-Alban (-du-Rhône), abbaye de Saint-Pierre hors Vienne ; Saint-Just; -12, chât. de Pipet ; 18; 19, Vienne; 20, Pipet; 22, 23, 27, 29, Vienne.

Septembre 10, (13,) 24, 25, Avignon; la Sainte-Baume ?

Octobre 12, 16, (19,) 27, 30, 31, Avignon.

Novembre 1, 2, 3, 4, 7, Avignon; 10, 12, 13, 14, 16, 17, 19, 21, 23, 24, Pont-de-Sorgues; 30, Avignon.

Décembre 2, 4, 8, 11, 14, Avignon; 20, 22, (29,) Pont-de-Sorgues.

1339

Janvier 1, 2, 4, 6, 10, 12, 14, 16, (17, 23,) 27, 28, Pont-de-Sorgues.

Février 1, Avignon ; 5, 8, 12, 13, 15, 19, 20, 22, Pont-de-Sorgues.

Mars 1, (Pont-de-Sorgues) mon. de Romette ; 3, Grenoble, Sainte-Colombe près Vienne ; 4, Avignon ; 8, (9,) 10, (11,) 16, 17, 18, (19, 20,) 22, 27, Pont-de-Sorgues.

Avril 6, 9, Avignon; 12, 13, Pont-de-Sorgues; 16, 17, 18, 19, 22, 27, Avignon; 30, Pont-de-Sorgues.

Mai (1, 3,) 4, (11,) 12, Avignon; 22; 30, Pont-de-Sorgues.

Juin 7, 8, 12, 16, 17, 18, 19, 22, 23, 28, 29, Pont-de-Sorgues.

Juillet 1, 2, Pont-de-Sorgues; 11, Roche-de-Glun (*Ruppis*) ; 17 ?, (19,) 23, 24, Beauvoir; 25, Saint-Etienne-de-Saint-Geoirs; 26, Saint-Marcellin; 27, Saint-Etienne; 28; 31, camp. près L'Albenc.

Août 1, Saint-Etienne-de-Saint-Geoirs; 2, Beauvoir; 7, (22, 26,) 31, Pont-de-Sorgues.

Septembre 1, Pont-de-Sorgues ; 7 ; 15, 24, 25, Avignon ; 29, 30, Villeneuve près Avignon.

Octobre 9, Le Puy (égl. Notre-Dame).

Novembre 4, (5,) 6, (9,) 11, 12, 19, Paris.

Décembre 10, 11, 20, Paris.

1340

Janvier 7, Paris.

Février 2, 4, 5, (15,) 24, Beauvoir (10, 12, 14, 16, 27, Saint-Marcellin?).

Mars 1, Beauvoir; 4, Saint-Marcellin; 6, 8, Beauvoir; 10, La Sône ; 12, Grenoble; 12, 13, Beauvoir; 16, Saint-Vallier ; 17, Beauvoir, Grenoble.

Avril (3,) 6, 9, 10, 11, 12, Grenoble; 12, « ap. Sanctum Lovetum »; 16, 22; 29, Beauvoir.

Mai 3, Beauvoir; 4, La Sône en Viennois; 5, Pisançon; 8, 9, 10, La Sône; 13, Beauvoir; 14, 15, 16, Saint-Alban(-du-Rhône); 18, 19, Roche-de-Glun ; 19, Clérieu, Pisançon; 22 ; 24, 26, 27, Beauvoir.

Juin 3, 13, 16, 20, 21, (23,) 24, (26,) 29, Beauvoir; 29, Grenoble.

Juillet (1,) 2, (3, 4, 5,) Saint-Etienne-de-Saint-Geoirs; 8, Rives; 14, 19, 24, Grenoble; 30, La Balme.

Août 1, 3, 4, Grenoble; 12, Montluel; 18; 24, La Balme; 29.

Septembre 3, 4, La Balme; 17, Visan; 19, Saint-Bonnet; 23, Le Buis (-les-Baronnies).

Octobre 2, 9, 11, (14,) 24, 28, Avignon.

Novembre 1, 2, (3,) 4, Nyons; 4, Curnier, Sahune (*Asseduna*); 5, La Charce (*cast. Carceris*); 6, Montmorin; 9; 11, Montmaur; 13, Gap; 14, Chorges (*ap. Caturicas*); 15, 17, Embrun; 18, Saint-Bonnet en Champsaur; 28, Grenoble.

Décembre 3, Grenoble; 4; 5, 8, (25,) 29, 31, Beauvoir en Royans.

1341

Janvier 3, Beauvoir; 9; 10, Saint-Marcellin; 16, Beauvoir; 29.
Février 12, 18, 20, 24, 26, Grenoble.
Mars 5, 6, (8,) 9, 10, 12, 13, 14, 17, 26, (29,) 30, 31, Grenoble.
Avril 4, 10, (16,) 17, 23, Grenoble; 27.
Mai 1, (3,) 4, Beauvoir; 11, Grenoble; 12, Saint-Lattier (*ap. S^m Laterium*); 16, 25, (28,) Peyrins.

Juin 6, 7, Peyrins; 9, Saint-Donat; 10, 15, Beauvoir; 23, Grenoble; 30, Montfleury.

Juillet 3, 5, 7, (9,) 10, Montfleury; 17, 19, Vizille; 19, 20, Vif; 21, rive du Drac près du port de Claix; 29, 30, La Balme.

Août 5, Anthon; 7, 8, (9,) Loyettes; 11, Crémieu; 12, 13, (15,) 16, Loyettes; 21, 22, 23, 24, 26, La Balme; 28, Lyon.

Septembre 1, 6, (7,) 10, 11, (13, 19,) 20, 22, 25, 29, Beauvoir en Royans.

Octobre (3,) 4, (7,) 8, Beauvoir; 31, Saint Lattier (*S. Euletherius, S. Heleuterius, S. Heubettus, S. Heuleterius*).

Novembre 6? Grenoble; 7, 8, Beauvoir; 8, 10, Seyssins; 13, Saint-Alban (-du Rhône); 17, Peyrins; 24, 26, La Balme en Viennois.

Décembre 8; 10, Pinet; 11, Beaurepaire; 14, Beauvoir; 20, 24, 25, 28; 30, 31, Beauvoir.

1342

Janvier 2, Grenoble ; 4, (5,) 6, 7, 11, 13, 14, Beauvoir; 16, Saint-Marcellin ; 21, 22, 23, 25, 27, Beauvoir.

Février 5, *in obsedio ante* Romans ; [1] 13, Peyrins; 14, 19, *in acie ante* Romans; 19, bastide de Beau-Secours près R.; 22, 23, 24, 26, 27, Romans.

Mars 2, 4, Pisançon ; 4, Romans ; 7, 12, 14, 17, 18, Pisançon; 19, bastide de Beau-Secours près du pont de Romans ; 19, 20, Pisançon ; 26, Saint-Saturnin du (Pont-) Saint-Esprit sur Rhône ; 28, Avignon.

Avril 4, 10, 16; 18, 20, 21, Villeneuve-Saint-André près Avignon.

Mai 3, Gentilly (près du Pont-de-Sorgues) ; 5, palais d'Orange; 8, Visan; 10, 14, 19, 20, 22, (25,) Avignon.

Juin 9, Gentilly; 15, Beauvoir ; 21, Romans ; 28, Avignon.

Juillet 15, 16, Visan (*Avisanum*).

Août 2, Grenoble ; 9, Saint-Étienne-de-Saint-Geoirs ; 16; 18, Grenoble, Tullins ; 19, 20, Beauvoir; 25, Haute-Pierre (*Alta Petra*) près Crémieu ; 27, La Balme.

Septembre 1, Saint-Denis (Ain); 15, 16, 17, Salettes ; 19, 20, Jarcieu.

Octobre 7, 8, Vienne; 20, 27, Beauvoir; 29, Iseron; Peyrins.

Novembre 3, Iseron ; 7; 16, 18, (21,) 22, 24, 26, 27, 29, Grenoble.

Décembre 1, 4, 8, 11, 12, 13, 14, 16, 17, 18, 20, Grenoble ; 23, Montfleury; 24, (25, 29,) 30, 31, Grenoble.

1343

Janvier 4, Grenoble ; 7, Le Buis ; 8?, 10, Valence ; 17, 18,

---

(1) Une note du reg. *Refformaciones curie majoris Viennesii et Valentin.* (cabinet de M. P.-E. Giraud) fixe au 10 févr. 1341 (v. st.) la prise de Romans par le dauphin (f° 58); il est certain, d'après la capitulation du 14, que la ville ne dût ouvrir ses portes que le 20.

Roquemaure (*Ruppes Maura, Avinion. dioc.*); 21; 30, Ville-neuve-Saint-André.

Février 6, 14, 23, 24, 25, Villeneuve-Saint-André près Avignon.

Mars 3, Villeneuve près Avignon ; 14; 20, Nimes (*Nemausum*); 25, 29, Villeneuve-Saint-André près Avignon.

Avril 3, Nimes; 9; 16, Nimes; 17; 23, bois de Vincennes; 25, 28.

Mai 11, Nimes ; 15, 18, 25 ; 28, 29, 31, Beauvoir en Royans.

Juin 3, (12,) 15, 19, 20, 21, 22, 27, 29, Beauvoir en Royans.

Juillet 1, Beauvoir; 4, 10, 11, 14, Saint-Marcellin ; 16, Beau-voir; 17, Saint-Marcellin ; 18, Saint-Antoine ; 23, Vienne ; 24, 26, 27, Saint-Marcellin ; 28, Vienne; 29, Sainte-Colombe près Vienne; 30 ; 31, abb. de Saint-Pierre hors la porte de Vienne.

Août 1, 2, abb. de Saint-Pierre hors la porte de Vienne ; 3, Vienne ; 4, abb. de Saint-Pierre ; 5, Vienne ; 7, 8, 9, Sainte-Colombe près Vienne ; 9, 10, 11, abb. de Saint-Pierre ; 11, 12, Vienne; 12, 13, abb. de St-Pierre ; 13, Sainte-Colombe ; 15, 17, 18, abb. de Saint-Pierre ; 18, 19, Vienne ; 20, Sainte-Colombe de Vienne ; 20, 21, abb. de Saint-Pierre ; 21, 23, Vienne ; 24, abb. de Saint-Pierre ; 24, 25, Sainte-Colombe p. V.; 27, Roche-de-Glun.

Septembre 2, Roche-de-Glun ; 7, Saint-André de Vienne ; 8, 9, 11, 12, (16,) 17, 18, 20, 21, 22, Avignon ; 25, Villeneuve près A.; 27, Avignon.

Octobre 4 ; 10, Avignon ; 12 ; 19, 20, 21, 24, 26, 27, 28, 31, Villeneuve-Saint-André.

Novembre 5, (10,) 12, 13, Villeneuve-Saint-André ; 17, 20, Grenoble ?; 23, 24, Montpellier (Anton., Hospit.)

Décembre 1, 4, 8, 10, 11, Montpellier ; 15, Bourgoin ?; 16, 17, (19,) 28, Avignon.

1344

Janvier 2, (3,) 11, (12,) 14, 16, 17, (27,) 31, Avignon.

Février 7, 9, 13, 17, 20, 25, 26, 27, Avignon.

Mars 2, 3, 4, 10, (11,) 12, 15, 20, 22, 23, 25, Avignon.

Avril 7, 10, 12, 14, 15, 29, Avignon.

Mai 2, 4, 5, (14,) 16, (18, 19,) 20, 25, Avignon.

Juin 3, 7, 8, 11, 15, 17, Avignon ; 18, Villeneuve près A.; 19, 27, Avignon.

Juillet 6, Carpentras ; 10, 14, 17, 19, 23, Avignon ; Apt ; 27; 30, Avignon ; 31, Villeneuve (dioc. d'Avignon).

Août 2, (3.) 6, 7, Avignon ; 18, Romans ; 22, 23, (26,) 31, Beauvoir.

Septembre 3, 6, Beauvoir ; 7, Grenoble ; 9, 10, 11, Saint-Marcellin ; 18, 22, 25, Grenoble.

Octobre 2, Montfleury; 6, 8, 9, (10,) 13, 15, 18, 20, 23, 27, 28, 29, 30, Grenoble.

Novembre 3, 4, (9,) 12, 15, 16, 21, (24,) 25, 26, Grenoble.

Décembre 7, 8, 9, (10,) 12, 13, 16, 21, (22,) 26, (27,) 28, Grenoble.

1345

Janvier 3, (10,) 11, 12, 14, 15, 22, 23, 24, 25, 29, 30, 31, Grenoble.

Février 3, 5, 6, 8, 9, 11, 12, 16, 17, 18, 20, 21, 23, 24, 25, 26, (27,) 28, Grenoble.

Mars 1, 2, 3, 4, 7, Grenoble ; 13, Vizille ; 14, 15, 16, 17, 18, 19, 21, 22, 23, 24, Grenoble ; 27, Beauvoir; 27, 28, 30, Grenoble.

Avril 6, 8, 10, 11, 12, 13, 14, 15, 16, 21, Romans ; 28, Avignon.

Mai 4, 5, 11, 12, 13, 14, 15, 16, 17, 18, 20, 21, 22, 23, 24, 25, 26, 27, 28, 29, Avignon ; 31, Pont-de-Sorgues, Avignon.

Juin 1, 2, 5, 6, 11, 12, 13, 14, 15, 18, 20, 22, 23, 24, 25, 28, 29, 30, Avignon.

Juillet 1, 6, 9, 10, 12, 13, Avignon ; 13, 14, 15, 16, 17, mon. de Bon-Repos hors-près Avignon ; 20, 21, 22, 23, 24, 25, 26, 27, 29, Avignon ; 30, abb. de Bon-Repos ; 31, Avignon.

HENRI DE VILLARS

1345

Juillet 13, 14, mon. de Bon-Repos près Avignon.

Août 4, Marseille; 2, 3, Avignon; 4, *Lauczonum*; 8, 10, 14, 15, 16, 17, 18, 19, 22, 24, 26, 27, 28, 29, 30, Marseille; 30, port de mer de Marseille, *in galea S. Crucis*; 31, Marseille.

Septembre 4, Marseille; 1, 2, près du port de M.; 2, *in galea S. Crucis, in g. supra mare* près de M., *in insula maris* à l'orient du port de M. (If); 3, Marseille; 14, 15, Gênes; Livourne; Florence; Venise; Trévise?

Octobre, Céphalonie (*Same*)?; Négrepont.

Novembre, Mitylène (Lesbos); 24, Rhodes.

1346

Février 13, Smyrne.

Juin 8, Négrepont; 24, combat près Smyrne.

Juillet, autre dans l'île d'Imbro?

Août 2, Avignon; 30, Marseille.

Septembre 4, Marseille; 2, à l'orient de M.; 5; 7, 8, Avignon; 15, 19, 20, 22, 23, 24, (28,) 29, 30, Romans.

Octobre 1; 3, « cast. de Hermiis » (Eymeux).

Novembre 17, 19, 20, 22, 23, 24, 27, 28, 29, 30, Romans.

Décembre 1, 4, 8, 9, 10, 11, 12, 13, 14, 16, 17, 18, 23, 24, 28, 29, Romans.

1346

Janvier 2, 10, 15, 16, 17, 19, 21, 22, 23, 24, 25, (28,) 30, Avignon.

Février 1, 4, 6, 7, 9, 11, 13, Avignon; 14, Orange; 18, Avignon; 21, Saint-Lattier (*S. Heuleterius*); 28.

Mars 2, 3, 11, 12, 15, 18, 20, 21, 22, 23, 24, 25, 26, 27, Grenoble; 31, La Tour-du-Pin.

Avril 3, La Tour-du-Pin.

Mai 4; Corbelin.

Juin 5, Pierre-Scise (près Lyon); 21; 26, Grenoble; 28, 30, Romans.

Juillet 1, 2, 7, 9, Romans; 16, 20, 22, 24, Moirans: 27.

Août v. 27, pillé en mer par les Génois.
Octobre 12, Rhodes (*in villa nova de insula R.*).
Novembre, Rhodes.

1347

Janvier 6, 29, Rhodes.
Février 10.
Mars 2, Rhodes.
Mai 27, Venise (SS. Jean et Paul).
Août 16, Milan (*Medulani*, palais) ; Mortara.
Septembre 1, Saluces ; 4, Briançon ; Vizille ; Grenoble, 8 ; 11, Bourg-d'Oisans (*cast. Oysen.*); 17, 25, Grenoble.

Août 15, Poncin ; 19; 29, Lagnieu.
Septembre 2, 4, 6, 7, 12, 14, 18, 19, 20, 22, 23, 24, 25, 26, 27, Grenoble ; 28, Moirans.
Octobre, Moras, Revel, Auberive ; 5, 6, 7, Vienne ; 7, mon. de St-Pierre hors V.; 14, 16, 17, 18, 20, 21, 22, 24, 25, (26,) 27, 28, Romans.
Novembre 5, Grenoble ; 7, Auberive (–en–Royans) ; 7, 17, 18, 19, 20, 23, 24, 25, 28, Romans.
Décembre 2, 4, 5, 8, 9, 10, 12, 13, 15, 16, 17, 19, 20, 21, 23, 24, 25, 27, 29, 30, Romans.

1347

Janvier 2, 3, 4, 5, Romans; Lyonnais.
Février 6, Romans ?; Valence, Chabeuil.
Mars (2,) 3, 5, 6, 8, 10, 15, 16, 22, 28, Romans.
Avril, Grenoble ; 7, Romans ; Peyrins ; 22, Montfleury ; 24, 28, 29, Grenoble.
Mai 3, entre Bellecombe et les Marches ; 5 ; 14.
Juin 4, 13, Grenoble ; 19, La Tour-du-Pin ; 22, Grenoble ; 24, Vizille.
Juillet 3 ; 11, Moirans ; 17, Valence.
Août 2, Embrun ; 4 ; 16, Bardonnèche.

Octobre 6 ; 12, 14, Beauvoir ; 22, 23, 24, Romans.

Novembre 6, Saint-Marcellin ; (10,) 11, 16, 19, 20, 25, Avignon.

Décembre 2, 5, 6, 7, 8, 10, 11, 15, 16, 17, 18, Avignon ; 19, 20, 24, Villeneuve-Saint-André près Avignon ; 26, 27, Avignon; 28, 29, 31, Villeneuve près A.

1348

Janvier 2, 5, 7, 8, 10, 12, 13, 14, 16, 20, 21, 23, 25, 28, Villeneuve-Saint-André près Avignon.

Février 3, 4, 6, 7, Villeneuve ; 8, Bez (*Bercium*) ; 11, 12, 13, Pont-Saint-Esprit (*S. Saturninus de Ponte, S. Spiritus*) ; 20, 24, 25, 28, Beauvoir en Royans.

Mars 1, 2, 5, 6, 7, 8, 9, 11, 14, 15, 16, 17, 19, 20, 21, 22, Beauvoir ; 27.

Avril 4, 12, Beauvoir [1]; 26, 27, 28, 29, 30, Lyon, chât. de Pierre-Scise.

Mai 1, La Balme ; 12, 13, Crémieu ; 16, Antnon, port d'A.; 17, 18, 19, Montluel ; 23, Miribel ; 27, Montluel ; 28, abb. N.-D. de Salettes ; 30.

Juin 2, Crémieu ; 2, 3, 5, La Balme ; 11, Saint-Georges-d'Espéranche ; 23, 25, 26, Quirieu ; 27, Crémieu, Lyon ; 30, Crémieu.

Juillet 1, Crémieu ; 4, 8, 16, Beauvoir ; 20, La Balme ; 23, Quirieu ; 27, Crémieu ; 29, Tullins ; 30.

Août 5, 6, 8, 9, La Balme ; 11, Quirieu ; 17, La Balme ; 28, 30, Salettes.

---

(1) Cette date a donné lieu, au siècle dernier, à une interminable discussion entre le chapitre et les consuls de Romans, dans laquelle l'érudition de ces derniers ne brilla pas par la loyauté. L'armée du Dauphin se réunit à Montluel le 6 avril, vint le même jour devant Miribel et prit le bourg ; le château se rendit le 22. La lettre d'Humbert II, datée du 12, *in burgo Miribelli, in exercitu nostro*, émanait de ses officiers : *de generali mandato domini* (au lieu de *per dominum orethenus*).

Septembre 3, Salettes ; 5, Grenoble ; 10, La Balme; 11.

Octobre 8, Grenoble ; 14, 28, Beauvoir.

Novembre 1; 3, Beauvoir ; 6, Grenoble ; 9, Beauvoir ; 9, 10, Grenoble ; 15, 17, 18, 19, 22, Beauvoir ; 24, Grenoble ; 25, Crémieu ; 29, 30, Romans.

Décembre 1, 3, 4, 5, 6, 9, 10, Romans ; Avignon ; 17, 18, 22, 29, (30,) 31, Romans.

1349

Janvier 4, 6, 7, Chabeuil ; 9, 10, 12, Romans ; 18, 19, 20, 22, 24, 28, Beauvoir ; 29, Chabeuil ; 29, (30,) 31, Beauvoir.

Février 1, 3, Beauvoir ; 14, 17, Tain ; 20, 28, Romans.

Mars 3, 4, 6, 7, 10, 11, 13, 14, 17, 18, Romans ; 19, Beauvoir; 20, 21, 22, 23, 26, (29,) 30, (31,) Romans.

Avril (1,) 3, 4, 6, 7, 23, Romans ; 23, Grenoble.

Mai 3, Beauvoir; 4, Montpellier ?; 28, Lyon ?

Juin 4, Lyon ; 8 ; 11, Lyon ; 12, Pierre-Scise.

Juillet 1 ; 2, Pierre-Scise ; 6, 10, 11, 12, 13, 16, 17, (18, 19, 24,) 27, 28, Lyon.

Août 21, 26, Romans ; 28, Beauvoir.

Septembre 5, 10, 16, (17,) 25, Beauvoir.

Octobre 17, (21,) 25, Beauvoir en Royans.

Novembre 16, 23, Beauvoir.

Décembre 4, Beauvoir; 6, 20 ; 22, Grenoble.

1350

Janvier 4, Montfleury; 28, (30,) Grenoble.

Février 1, 3, 4, 5, (6,) Grenoble.

Mars 13, Villeneuve (dioc. d'Avignon).

Juin 2, Villeneuve-Saint-André ; 14 ; 22.

Décembre 25, Avignon (ordonné).

1351

Janvier 2 (sacré), 22, Avignon ; 31, Villeneuve près A.

Février 4, 8, 23, Grenoble.
Avril 15.
Septembre 4, Beauvoir; 8, 10, Grenoble ; 16, Beauvoir.
Octobre 19, monast. de Salettes.
Novembre 4.
Décembre 6, mon. de Salettes.

1352

Février.
Mars 10, Porte de Mars à Reims.
Juillet 21, 24, Paris.
Août 12, Paris.
Novembre 7, Paris.
Décembre 7, Paris ; 14.

1353

Avril 24.
Mai 7.
Août 3, Chartreuse près Paris.

1354

Mars 26, Porte de Mars à Reims.
Juillet 14, Paris (conv. des Dominicains).
Septembre 18, Paris (Dominicains).
Novembre 3.

1355

Janvier 25.
Février 22, Paris (Dominic.)
Mai 16 ; 21, 22, Clermont (-Ferrand).

Romans, 2 mai 1355.

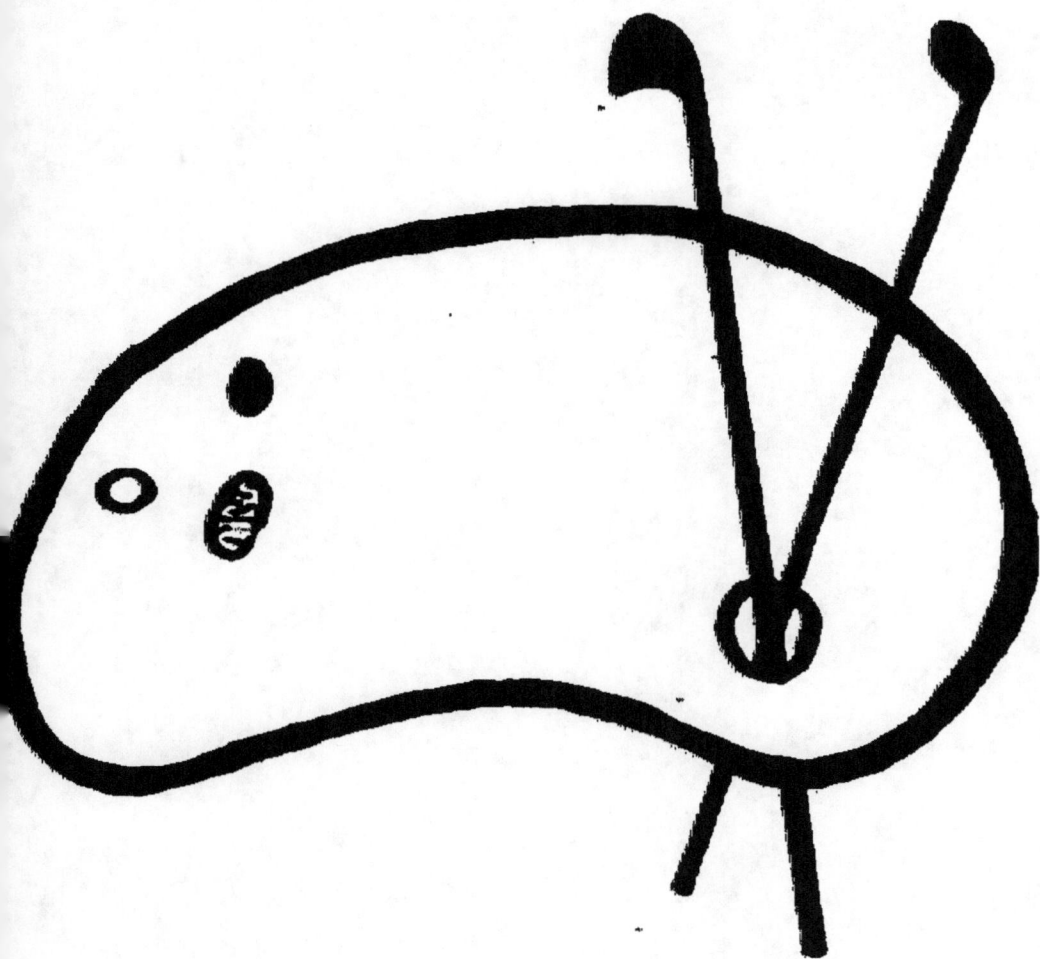

www.ingramcontent.com/pod-product-compliance
Lightning Source LLC
LaVergne TN
LVHW022201080426
835511LV00008B/1501